ないとどうなる？日本国憲法

みんなで決める政治のために ～国民主権～

憲法がある

憲法がない

「ある・なし」をくらべてわかる憲法の大切さ

監修 木村草太
（東京都立大学 教授）

Gakken

もくじ

ないとどうなる？日本国《こく》憲《けん》法《ぼう》

この巻《かん》のテーマは「国民主権《こくみんしゅけん》」です。

小学校《しょうがっこう》の教科書《きょうかしょ》には、「国民主権《こくみんしゅけん》とは、国民《こくみん》が政治《せいじ》の主役《しゅやく》という意味《いみ》です」と書《か》かれています。

「国民《こくみん》が主役《しゅやく》」とは、単《たん》に「国民《こくみん》のために政治《せいじ》が行《おこな》われること」ではありません。

中国《ちゅうごく》の皇帝《こうてい》、ヨーロッパの王様《おうさま》や貴族《きぞく》、日本《にほん》の天皇《てんのう》や関白《かんぱく》・征夷大将軍《せいいたいしょうぐん》たちだって、「自《じ》分《ぶん》たちのため」だけに政治《せいじ》をしたつもりはないでしょう。「国民《こくみん》を豊《ゆた》かで幸《しあわ》せにしよう」と努力《どりょく》した王様《おうさま》や貴族《きぞく》もいるはずです。

それでもやはり、王様《おうさま》や貴族《きぞく》の政治《せいじ》は、「国民《こくみん》が主役《しゅやく》の政治《せいじ》」とは言《い》えません。

国民主権《こくみんしゅけん》で大事《だいじ》なのは、「国民自身《こくみんじしん》が決《き》めること」です。なぜそれが大事《だいじ》なのかを、この本《ほん》を読《よ》んで実感《じっかん》してもらえるとうれしいです。

木村《きむら》 草太《そうた》

この本《ほん》の読《よ》み方《かた》

この本《ほん》は「日本国憲法《こくけんぽう》がないとき」と「日本国憲法《こくけんぽう》があるとき」の両方《りょうほう》の状況《じょうきょう》を比《くら》べることで、日本国憲法《こくけんぽう》に対《たい》する理解《りかい》を深《ふか》めるものです。各《かく》テーマにおいて、関連《かんれん》する条文《じょうぶん》があるとき・ないときを、イラストをまじえて解説《かいせつ》しています。

イラスト

憲法《けんぽう》がないキャラクターの世界《せかい》で、どのような困《こま》りごとやトラブルが生《しょう》じるかイメージしやすくなります。

本文

憲法《けんぽう》がない場合《ばあい》を考《かんが》える解説《かいせつ》です。小学生《しょうがくせい》にとって身近《みぢか》な例《れい》などを通《とお》して、憲法《けんぽう》がなかったときに何《なに》が起《お》きるか考《かんが》えることができます。

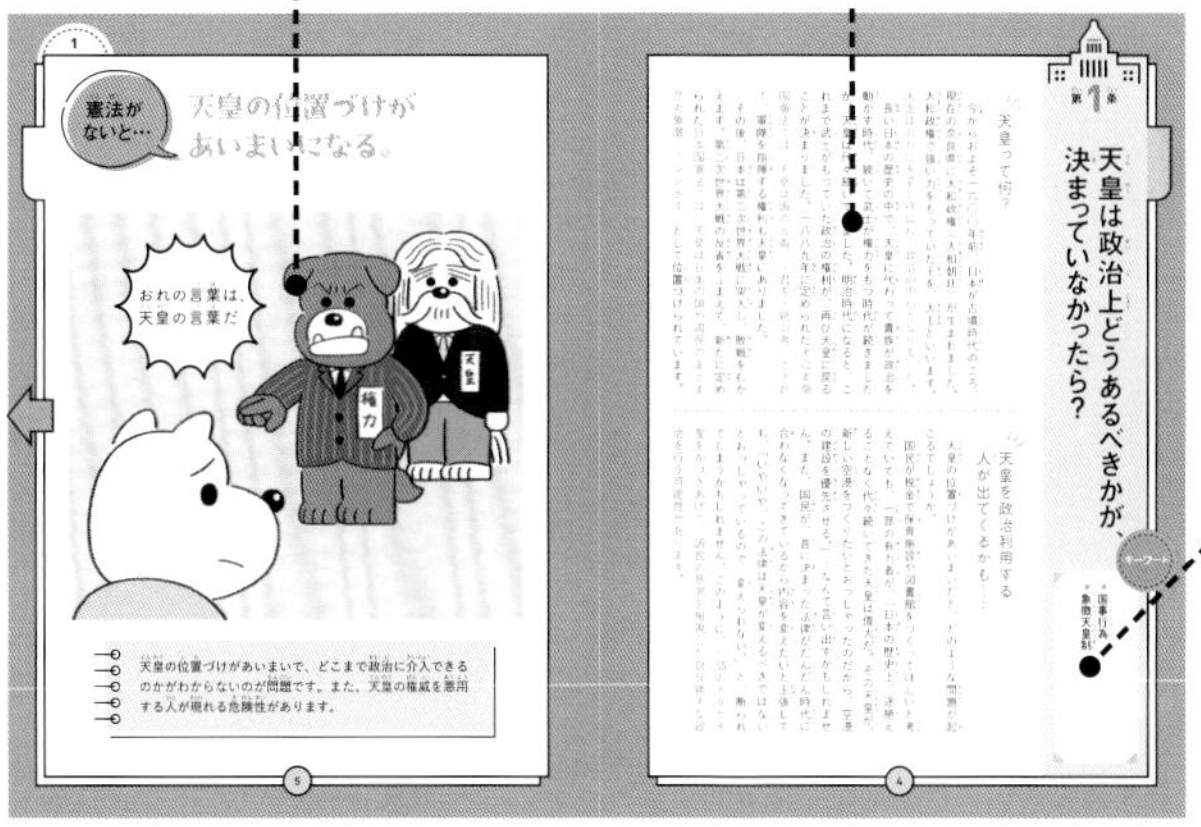

キーワード

このテーマと関連《かんれん》するキーワードが書《か》いてあります。興味《きょうみ》がある人《ひと》は、キーワードについて調《しら》べると理解《りかい》を深《ふか》めることができます。

本文

憲法《けんぽう》がある場合《ばあい》を考《かんが》える解説《かいせつ》です。実際《じっさい》に日本《にほん》で暮《く》らす私《わたし》たちにとって、憲法《けんぽう》がどういった存在《そんざい》かを説明《せつめい》しています。

まとめ

各《かく》テーマで題材《だいざい》になった憲法《けんぽう》の概要《がいよう》や私《わたし》たちとのつながりをまとめています。

イラスト

憲法《けんぽう》があるキャラクターの世界《せかい》で、私《わたし》たちの権利《けんり》や日々《ひび》の生活《せいかつ》が、憲法《けんぽう》によってどのように守《まも》られているのかが、身近《みぢか》な例《れい》を通《とお》して描《か》かれています。

本書《ほんしょ》の日本国憲法《こくけんぽう》の条文《じょうぶん》の内容《ないよう》について

本書《ほんしょ》に出《で》てくる日本国憲法《こくけんぽう》の条文《じょうぶん》は、小学生《しょうがくせい》にわかりやすく伝《つた》えるという観点《かんてん》で、原典《げんてん》から表現《ひょうげん》を一部変更《いちぶへんこう》して記載《きさい》しています。あらかじめ、ご理解《りかい》・ご容赦《ようしゃ》いただけますよう、よろしくお願《ねが》い申《もう》し上《あ》げます。日本国憲法《こくけんぽう》の原典《げんてん》を確認《かくにん》したい方《かた》は、法令《ほうれい》データベース「e-Gov《イーガブ》法令検索《ほうれいけんさく》」などをご覧《らん》ください。

第《だい》1条《じょう》

天皇《てんのう》は政治上《せいじじょう》どうあるべきかが、決《き》まっていなかったら？

キーワード

- 国事行為《こくじこうい》
- 象徴天皇制《しょうちょうてんのうせい》

天皇《てんのう》って何《なに》？

今《いま》からおよそ一六〇〇年前《ねんまえ》、日本が古墳時代《こふんじだい》のころ、現在《げんざい》の奈良県《ならけん》に大和政権《やまとせいけん》（大和朝廷《やまとちょうてい》）が生《う》まれました。大和政権《やまとせいけん》で強《つよ》い力《ちから》をもっていた王《おう》を、大王《おおきみ》といいます。**大王《おおきみ》はのちに天皇《てんのう》と呼ばれ、政治の中心となりました。**

長《なが》い日本の歴史《れきし》の中《なか》で、天皇《てんのう》に代《か》わって貴族《きぞく》が政治《せいじ》を動《うご》かす時代《じだい》、続《つづ》いて武士《ぶし》が権力《けんりょく》をもつ時代《じだい》が続《つづ》きましたが、天皇《てんのう》は代々《だいだい》続《つづ》いてきました。明治時代《めいじじだい》になると、これまで武士《ぶし》がもっていた政治《せいじ》の権利《けんり》が、再《ふたた》び天皇《てんのう》に戻《もど》ることが決《き》まりました。一八八九年《ねん》に定《さだ》められた**大日本帝国憲法では、天皇は国の元首（＝君主・統治者）とされて**、軍隊《ぐんたい》を指揮《しき》する権利《けんり》も天皇《てんのう》にありました。

その後《ご》、日本は第二次世界大戦《だいにじせかいたいせん》に突入《とつにゅう》し、敗戦《はいせん》をむかえます。第二次世界大戦《だいにじせかいたいせん》の反省《はんせい》をふまえて、新《あら》たに定《さだ》められた**日本国憲法では、天皇は日本の国や国民のまとまりの象徴（＝シンボル）**として位置《いち》づけられています。

天皇《てんのう》を政治利用《せいじりよう》する人《ひと》が出《で》てくるかも……

天皇《てんのう》の位置《いち》づけがあいまいだと、どのような問題《もんだい》が起《お》こるでしょうか。

国民《こくみん》が税金《ぜいきん》で保育施設《ほいくしせつ》や図書館《としょかん》をつくってほしいと考《かんが》えていても、一部《いちぶ》の有力者《ゆうりょくしゃ》が、「日本の歴史上《れきしじょう》、途絶《とだ》えることなく代々続《だいだいつづ》いてきた天皇《てんのう》は偉大《いだい》だ。その天皇《てんのう》が、新《あたら》しい空港《くうこう》をつくりたいとおっしゃったのだから、空港《くうこう》の建設《けんせつ》を優先《ゆうせん》させる。」……なんて言《い》い出《だ》すかもしれません。また、国民《こくみん》が、昔《むかし》に決《き》まった法律《ほうりつ》がだんだん時代《じだい》に合《あ》わなくなってきているから内容《ないよう》を変《か》えたいと主張《しゅちょう》しても、「いやいや、この法律《ほうりつ》は天皇《てんのう》が変《か》えるべきではないとおっしゃっているので、変《か》えられない。」と、断《ことわ》られてしまうかもしれません。このように、**一部の人々が天皇をかつぎあげて、国民の意思を無視した自分勝手な政治を行う可能性があります。**

1

憲法《けんぽう》が
ないと…

天皇《てんのう》の位置《いち》づけが あいまいになる。

天皇《てんのう》の位置《いち》づけがあいまいで、どこまで政治《せいじ》に介入《かいにゅう》できるのかがわからないのが問題《もんだい》です。また、天皇《てんのう》の権威《けんい》を悪用《あくよう》する人《ひと》が現《あらわ》れる危険性《きけんせい》があります。

憲法《けんぽう》があれば…

天皇《てんのう》は象徴《しょうちょう》で、主権《しゅけん》が国民《こくみん》にあると示《しめ》される。

【第1条《だいじょう》　天皇《てんのう》の地位《ちい》・国民主権《こくみんしゅけん》】

天皇《てんのう》は日本国《こく》と日本国民統合《こくみんとうごう》の象徴《しょうちょう》と定《さだ》められており、主権《しゅけん》は国民《こくみん》にあると明言《めいげん》されています。

天皇《てんのう》は象徴《しょうちょう》、主権《しゅけん》は国民《こくみん》にある

日本国憲法《にほんこくけんぽう》第《だい》1条《じょう》「天皇《てんのう》の地位《ちい》・国民主権《こくみんしゅけん》」では、「天皇《てんのう》は、日本国《こく》の象徴《しょうちょう》であり日本国民統合《こくみんとうごう》の象徴《しょうちょう》であって、主権《しゅけん》は日本国民《こくみん》にある。」と定《さだ》めています（＝象徴天皇制《しょうちょうてんのうせい》）。この条文《じょうぶん》があることで、**「天皇《てんのう》はあくまで日本と日本国民《こくみん》の象徴《しょうちょう》で、政治的《せいじてき》な力《ちから》はもたない。」**という天皇《てんのう》の位置《いち》づけが明確《めいかく》になっています。

日本国憲法《こくけんぽう》の下《もと》では、天皇《てんのう》は形式的《けいしきてき》・儀礼的《ぎれいてき》な仕事《しごと》（国事行為《こくじこうい》）を行《おこな》います。例《たと》えば、国会《こっかい》の指名《しめい》に基《もと》づいて内閣総理大臣《ないかくそうりだいじん》を任命《にんめい》すること（「内閣総理大臣《ないかくそうりだいじん》は、国会《こっかい》が指定《してい》したとおり、あなたに任《まか》せた」という儀式《ぎしき》を行《おこな》うだけで、実際《じっさい》に内閣総理大臣《ないかくそうりだいじん》を決《き》めることはない。）、外国《がいこく》の大使《たいし》などをもてなすこと（外国《がいこく》の大使《たいし》に会《あ》って、挨拶《あいさつ》をするなど、実際《じっさい》に国《くに》と国《くに》の取《と》り決《き》めには意見《いけん》を言《い》わず、決定《けってい》する権利《けんり》もない。）などが挙《あ》げられます。

天皇《てんのう》の位置《いち》づけが、「象徴《しょうちょう》（＝シンボル）」であると、はっきり決《き》まっているため、**一部《いちぶ》の人々《ひとびと》が天皇《てんのう》をかつぎあげて、政治《せいじ》に直接影響《ちょくせつえいきょう》を与《あた》えることができないようになっているのです。**

さらに、この条文《じょうぶん》では、主権《しゅけん》は日本国民《こくみん》にあることが明言《めいげん》されています。主権《しゅけん》が国民《こくみん》にあるとは、**国《くに》の政治《せいじ》のあり方《かた》を最終的《さいしゅうてき》に決《き》める権利《けんり》が国民《こくみん》にある**、ということを意味《いみ》します。例《たと》えば国民《こくみん》には国会議員《こっかいぎいん》に立候補《りっこうほ》する権利《けんり》や、国会議員《こっかいぎいん》を選挙《せんきょ》で選《えら》ぶ権利《けんり》が認《みと》められています。国民一人《こくみんひとり》ひとりが、選挙《せんきょ》で一票《いっぴょう》を投《とう》じ、より多《おお》くの支持《しじ》を集《あつ》めた候補者《こうほしゃ》が国会議員《こっかいぎいん》として選《えら》ばれます。さらに国会議員《こっかいぎいん》の中《なか》から選《えら》ばれた内閣総理大臣《ないかくそうりだいじん》が、行政機関《ぎょうせいきかん》の長《ちょう》として政治《せいじ》を行《おこな》います。このしくみがあることで、政治《せいじ》の主権《しゅけん》は国民《こくみん》にあるということになり、**国民《こくみん》の願《ねが》いが実現《じつげん》していくことが期待《きたい》されています。**

まとめ

ひとこと条文《じょうぶん》：第《だい》1条《じょう》　天皇《てんのう》の地位《ちい》・国民主権《こくみんしゅけん》

概要《がいよう》：天皇《てんのう》は日本という国《くに》と日本国民《こくみん》の象徴《しょうちょう》である。政治《せいじ》の主権《しゅけん》は国民《こくみん》にある。

つながり：天皇《てんのう》はシンボルで、国民《こくみん》が政治《せいじ》の中心《ちゅうしん》になる。それにより、みんなの願《ねが》いが政治《せいじ》に反映《はんえい》されるようになる。

第《だい》41条《じょう》

国民《こくみん》の代表《だいひょう》からなる国会《こっかい》が法律《ほうりつ》を定《さだ》めることができなかったら？

キーワード

・唯一《ゆいいつ》の立法機関《りっぽうきかん》

だれがルールを決《き》める？

昔《むかし》、貴族《きぞく》や武士《ぶし》が日本を治《おさ》めていた時代《じだい》には、政治《せいじ》のしくみの中《なか》に、国民《こくみん》（住民《じゅうみん》）の代表《だいひょう》からなる「国会《こっかい》」にあたる組織《そしき》はありませんでした。政治《せいじ》を行《おこな》う一部《いちぶ》の有力者《ゆうりょくしゃ》が、政策《せいさく》だけでなく法律《ほうりつ》やルールも決《き》めていました。**そのような時代は、一般の人々が政治に自分たちの意見を反映させるのは今よりも難しかったでしょう。**

現在《げんざい》の日本では国会《こっかい》だけが法律《ほうりつ》を定《さだ》める権利《けんり》をもっています。法律案《ほうりつあん》が出《だ》されると、衆議院《しゅうぎいん》と参議院《さんぎいん》のそれぞれで法律《ほうりつ》を定《さだ》めるか議論《ぎろん》され、両方《りょうほう》の議院《ぎいん》で可決《かけつ》されると法律《ほうりつ》として成立《せいりつ》します。衆議院《しゅうぎいん》と参議院《さんぎいん》で意見《いけん》が分《わ》かれた場合《ばあい》は、衆議院《しゅうぎいん》で再可決《さいかけつ》されれば成立《せいりつ》しますし、両《りょう》院《いん》の代表者《だいひょうしゃ》によって再度話《さいどはな》し合《あ》いが行《おこな》われることもあります。つまり、**私たちの意見は国民の代表である国会議員《いん》を通《とお》して反映されていることになります。**こうして定《さだ》められた法律《ほうりつ》に基《もと》づいて、政治《せいじ》は行《おこな》われています。

法律《ほうりつ》に国民《こくみん》の意見《いけん》が反映《はんえい》されにくくなる

国会以外《こっかいいがい》のところで法律《ほうりつ》が定《さだ》められるとしたら、どのようなことが起《お》こるでしょうか？「国《くに》のお金《かね》がなくなってきたから、国民全員《こくみんぜんいん》から毎月《まいつき》1万円《まんえん》ずつ徴収《ちょうしゅう》しよう。」「政府《せいふ》を批判《ひはん》することを禁止《きんし》する法律《ほうりつ》をつくろう。」というように、実際《じっさい》に政治《せいじ》を行《おこな》っている政府《せいふ》が、その場《ば》その場《ば》で場当《ばあ》たり的《てき》に、**国民の生活や現状を無視したような法律に代わる命令を定めたり、国民の自由や権利を無視したきまりを定めたりするかもしれません。**

また、国会《こっかい》が最《もっと》も上位《じょうい》の機関《きかん》でなかったとしたら、どうなるでしょうか。せっかく国民《こくみん》の意見《いけん》を反映《はんえい》した法律《ほうりつ》を定《さだ》めたとしても、内閣《ないかく》や裁判所《さいばんしょ》が国会《こっかい》よりも上《うえ》だから、**内閣や裁判所の出す命令は法律を無視してもOK**ということになってしまうかもしれません。

憲法《けんぽう》が
ないと…

政府《せいふ》が法律《ほうりつ》に代《か》わる命令《めいれい》を勝手《かって》に定《さだ》めてしまう。

国民《こくみん》の代表《だいひょう》で構成《こうせい》される国会《こっかい》に立法権《りっぽうけん》がないと、政府《せいふ》が場《ば》当《あ》たり的《てき》に法律《ほうりつ》に代《か》わる命令《めいれい》を出《だ》すことができてしまい、国民《こくみん》の考《かんが》えが反映《はんえい》されにくくなることが問題《もんだい》です。

憲法《けんぽう》があれば…

国会《こっかい》だけが法律《ほうりつ》を定《さだ》めることができる。

【第《だい》41条《じょう》　国会《こっかい》の地位《ちい》・立法権《りっぽうけん》】

国民《こくみん》の代表《だいひょう》である国会議員《こっかいぎいん》で構成《こうせい》される国会《こっかい》が、国民《こくみん》の意見《いけん》を反映《はんえい》できるため、唯一法律《ゆいいつほうりつ》を定《さだ》められる機関《きかん》であり、国家権力《こっかけんりょく》をもつ、最《もっと》も上位《じょうい》の機関《きかん》とされています。

国会《こっかい》が唯一《ゆいいつ》の立法機関《りっぽうきかん》

日本国憲法《にほんこくけんぽう》では、8ページのような事態《じたい》にならないように、「第《だい》41条《じょう》　国会《こっかい》の地位《ちい》・立法権《りっぽうけん》」において、「国会《こっかい》は国権《こっけん》の最高機関《さいこうきかん》であり、国《くに》の唯一《ゆいいつ》の立法機関《りっぽうきかん》である。」と定《さだ》めています。

国民《こくみん》の代表《だいひょう》である国会議員《こっかいぎいん》は国民《こくみん》の意見《いけん》を政治《せいじ》に反映《はんえい》する立場《たちば》であるため、国会議員《こっかいぎいん》で構成《こうせい》される国会《こっかい》こそ最も重要《じゅうよう》な機関《きかん》であり、なおかつ、法律《ほうりつ》を定《さだ》めることができるただ一《ひと》つの機関《きかん》であることが示《しめ》されています。よって国会《こっかい》ではない組織《そしき》が勝手《かって》に法律《ほうりつ》を定《さだ》めることはできません。（内閣《ないかく》が法律案《ほうりつあん》を作成《さくせい》し、提出《ていしゅつ》することはありますが、これを法律《ほうりつ》として承認《しょうにん》するかどうかは国会《こっかい》が決定《けってい》します。）

法律《ほうりつ》を無視《むし》した命令《めいれい》は出《だ》せない

また、国会《こっかい》は国家権力《こっかけんりょく》をもつ、最《もっと》も上位《じょうい》の機関《きかん》と定《さだ》められているため、国会《こっかい》が定《さだ》めた法律《ほうりつ》は、政府《せいふ》などが出《だ》す命令《めいれい》よりも優位《ゆうい》に立《た》ちます。

つまり、内閣《ないかく》や裁判所《さいばんしょ》などは、法律《ほうりつ》に違反《いはん》するような命令《めいれい》などを出《だ》すことはできません。

日本国憲法《にほんこくけんぽう》にこの条文《じょうぶん》があることで、国民《こくみん》の代表《だいひょう》からなる国会《こっかい》が、国民《こくみん》の意見《いけん》を反映《はんえい》しながら、だれにとっても平等《びょうどう》に適用《てきよう》される法律《ほうりつ》を定《さだ》めることができます。

そして法律《ほうりつ》に基《もと》づいて、内閣《ないかく》が政治《せいじ》を、裁判所《さいばんしょ》は裁判《さいばん》を行《おこな》います。

まとめ

ひとこと条文《じょうぶん》：第《だい》41条《じょう》　国会《こっかい》の地位《ちい》・立法権《りっぽうけん》

概要《がいよう》：国会《こっかい》が法律《ほうりつ》を定《さだ》めることのできるただ一《ひと》つの機関《きかん》である。

つながり：国会《こっかい》が定《さだ》めた法律《ほうりつ》を基準《きじゅん》として、私《わたし》たちの生活《せいかつ》に関係《かんけい》する、さまざまなルールが定《さだ》められる。

コラム

内閣総理大臣《ないかくそうりだいじん》と大統領《だいとうりょう》はどう違《ちが》う?

国《くに》のトップを国民《こくみん》が直接《ちょくせつ》選《えら》ぶ大統領制《だいとうりょうせい》に憧《あこが》れるなぁ。

国《くに》のトップを国民《こくみん》が間接的《かんせつてき》に選《えら》ぶ議院内閣制《ぎいんないかくせい》もいいよ。

内閣総理大臣《ないかくそうりだいじん》と大統領《だいとうりょう》は、国《くに》のリーダーという役割《やくわり》は同《おな》じだけど、選《えら》ばれ方《かた》や議会《ぎかい》との関係《かんけい》に違《ちが》いがあるんだ。まずは、日本とアメリカの政治《せいじ》のしくみを見《み》ていこう。

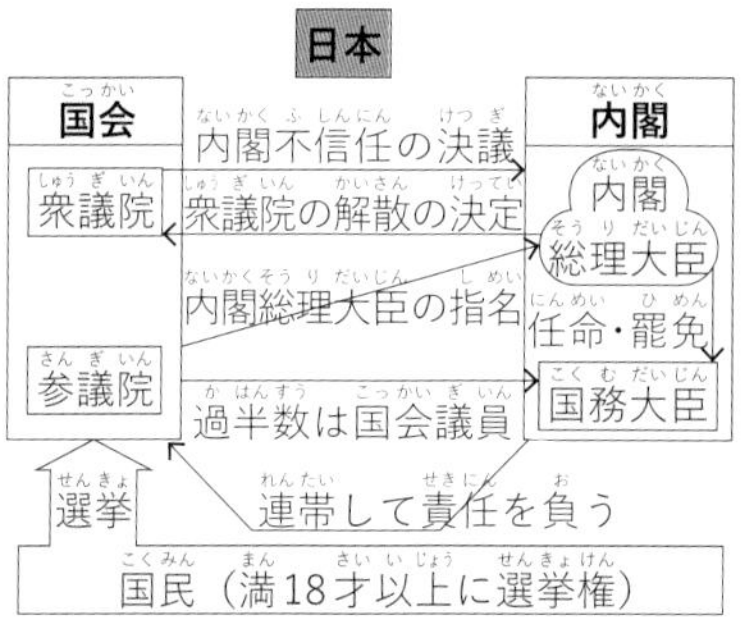

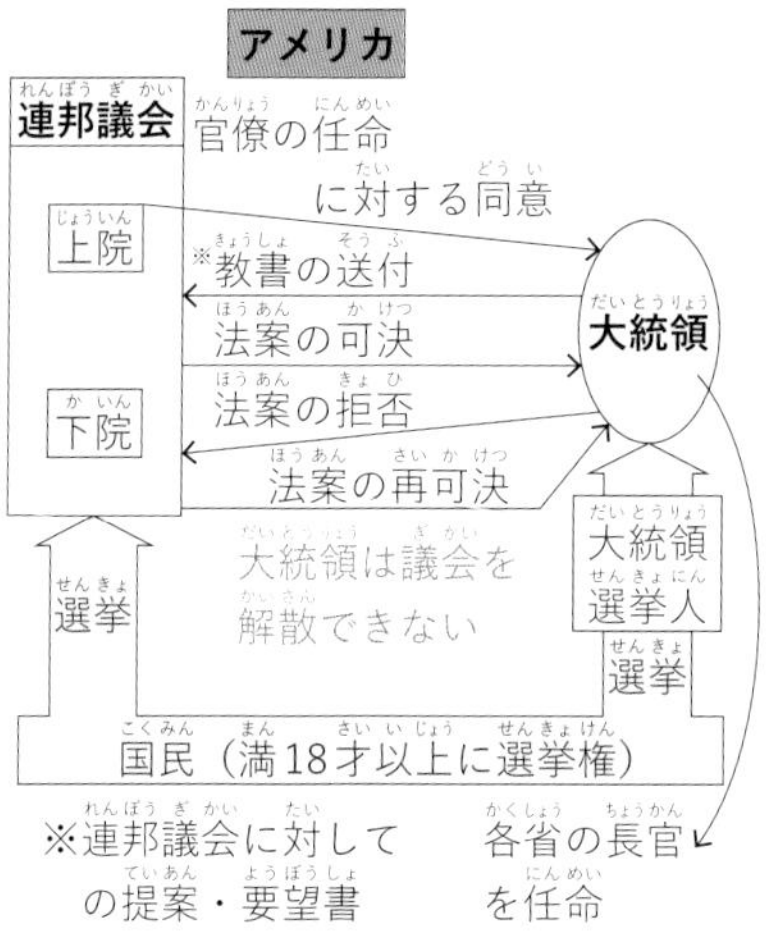

日本の政治《せいじ》のしくみはどうなっているかな?

日本は議院内閣制《ぎいんないかくせい》をとっています。議院内閣制《ぎいんないかくせい》とは、国会《こっかい》が内閣《ないかく》の長《ちょう》である総理大臣《そうりだいじん》を選《えら》び、内閣《ないかく》は、国会《こっかい》に対《たい》して連帯《れんたい》して責任《せきにん》を負《お》うしくみです。

そうだね。だから、衆議院《しゅうぎいん》で「内閣《ないかく》を信用《しんよう》できない」とする内閣不信任《ないかくふしんにん》の決議《けつぎ》が可決《かけつ》されると、内閣《ないかく》は10日以内《いない》に衆議院《しゅうぎいん》を解散《かいさん》するか、総辞職《そうじしょく》をすることになるね。

コラムでは私《わたし》と一緒《いっしょ》に考《かんが》えていこう

次《つぎ》にアメリカの政治《せいじ》のしくみはどうなっているかな？

アメリカは大統領制《だいとうりょうせい》をとっていて、日本の国会《こっかい》にあたる連邦議会《れんぽうぎかい》の議員《ぎいん》と同《おな》じように、大統領《だいとうりょう》も国民《こくみん》による選挙《せんきょ》で選《えら》ばれます。ここが日本の総理《そうり》大臣《だいじん》とは大《おお》きく違《ちが》いますね。ダイナミックで好《す》きだなぁ。

そのちがいが大統領《だいとうりょう》と議会《ぎかい》の関係《かんけい》にも反映《はんえい》されています。アメリカの議会《ぎかい》は大統領《だいとうりょう》に対《たい》し不信任《ふしんにん》決議《けつぎ》をすることができないし、大統領《だいとうりょう》は議会《ぎかい》を解《かい》散《さん》することができません。

そうだね。議院内閣制《ぎいんないかくせい》と大統領制《だいとうりょうせい》、二《ふた》つのしくみを比《くら》べてみると、それぞれどういった特徴《とくちょう》があるのかな。

議院内閣制《ぎいんないかくせい》の場合《ばあい》、一般的《いっぱんてき》には国会《こっかい》で最大多数《さいだいたすう》の政党《せいとう》の中《なか》から総理《そうり》大臣《だいじん》を選《えら》ぶので、政治《せいじ》が安定《あんてい》しやすくなる長所《ちょうしょ》があると思《おも》います。

大統領制《だいとうりょうせい》の場合《ばあい》、議会《ぎかい》の議員《ぎいん》も大統領《だいとうりょう》も、国民《こくみん》から同《おな》じように選《えら》ばれているので、おたがい対等《たいとう》な関係《かんけい》になります。議院内閣制《ぎいんないかくせい》の総理《そうり》大臣《だいじん》に比《くら》べれば、大統領《だいとうりょう》は議会《ぎかい》の制約《せいやく》を受《う》けずに思《おも》いきって自分《じぶん》のやりたい政治《せいじ》を行《おこな》うことができる利点《りてん》があります。

二人《ふたり》ともくわしくありがとう。現代《げんだい》の政治《せいじ》では、互《たが》いに権力《けんりょく》の行《い》きすぎがないかチェックし合《あ》う「三権分立《さんけんぶんりつ》」というしくみが確立《かくりつ》されているけれど、その面《めん》ではどうだろう。

議院内閣制《ぎいんないかくせい》は国会《こっかい》と内閣《ないかく》が近《ちか》い関係《かんけい》にあるので、三権分立《さんけんぶんりつ》は徹底《てってい》していないともいえますね。

大統領制《だいとうりょうせい》では大統領《だいとうりょう》と議会《ぎかい》はたがいに独立《どくりつ》した存在《そんざい》なので、より三権分立《さんけんぶんりつ》を実現《じつげん》しているといえます。ただ、大統領《だいとうりょう》と議会《ぎかい》が対立《たいりつ》した場合《ばあい》、何《なに》も決《き》まらず政治《せいじ》が前《まえ》に進《すす》まないおそれがあります。

議院内閣制《ぎいんないかくせい》と大統領制《だいとうりょうせい》の違《ちが》いが明確《めいかく》になってきたね。そういえば、他《ほか》に議院内閣制《ぎいんないかくせい》や大統領制《だいとうりょうせい》の国《くに》はあるのかな。

日本の他《ほか》に、イギリスも議院内閣制《ぎいんないかくせい》です。フランスは、大統領制《だいとうりょうせい》と議院内閣制《ぎいんないかくせい》の中間《ちゅうかん》のような制度《せいど》をとっています。

今《いま》までいろいろ意見《いけん》を聞《き》いたけれど、総理《そうり》大臣《だいじん》と大統領《だいとうりょう》、どちらにしろ、国民《こくみん》のための政治《せいじ》を行《おこな》っているかどうかを、国民《こくみん》がしっかり見《み》ていくことが大切《たいせつ》だね。

第《だい》44条《じょう》

選《せん》挙《きょ》の資《し》格《かく》が制《せい》限《げん》されていたら？

キーワード

・平等選挙《びょうどうせんきょ》

選《えら》ぶ権《けん》利《り》がないと…

大勢《おおぜい》で何《なに》かを決《き》めるとき、あなただけその資格《しかく》がないとどんな気持《きも》ちになりますか？　みんなで、どのお菓子《かし》を食《た》べるか決《き》めるとしましょう。あなたはチョコレートが食《た》べたかったのに、意見《いけん》を言《い》うことすらできないまま、みんなでクッキーを食《た》べることに決《き》まってしまうと、とても悲《かな》しい気持《きも》ちになりますね。

昔《むかし》、日本の選挙《せんきょ》に参加《さんか》するには「税金《ぜいきん》を一定額以上納《いっていがくいじょうおさ》めている成人男性《せいじんだんせい》だけ」という制限《せいげん》がありました。つまり、女性《じょせい》に生《う》まれただけで選挙権《せんきょけん》がない人《ひと》がたくさんいたことになります。また、選挙《せんきょ》に行《い》けるのはお金持《かねも》ちの男性《だんせい》だけなので、当然《とうぜん》、お金持《かねも》ちの男性《だんせい》が喜《よろこ》ぶ政治《せいじ》を行《おこな》う人《ひと》が当選《とうせん》しやすくなります。**このような選挙制度《せんきょせいど》の下《もと》では、女性《じょせい》やお金《かね》がない人《ひと》にとって住《す》みやすい社会《しゃかい》を実現《じつげん》するのは、とても難《むずか》しくなると思《おも》いませんか？**

国《こく》民《みん》に不《ふ》利《り》益《えき》がもたらされてしまう

国民《こくみん》の代表《だいひょう》として、国《くに》の政治《せいじ》に関《かか》わる国会議員《こっかいぎいん》を選《えら》ぶ選挙《せんきょ》が、一部《いちぶ》の人《ひと》たちだけが参加《さんか》できるものだとしたら、どのようなことが起《お》こるでしょうか。

例《たと》えば、あの人《ひと》は給料《きゅうりょう》が低《ひく》いから、特別《とくべつ》な身分《みぶん》ではないから、勉強《べんきょう》ができないから国会議員《こっかいぎいん》にはなれないし、国会議員《こっかいぎいん》を選《えら》ぶ権利《けんり》もない。そんなことになると、**国会《こっかい》議員《ぎいん》になれるのは一部《いちぶ》のお金持《かねも》ちや特権《とっけん》をもった人《ひと》だけになってしまいます。**

また投票《とうひょう》できるのも、そのような一部《いちぶ》の人《ひと》たちだけになってしまうため、国民全体《こくみんぜんたい》にとってふさわしい人《ひと》ではなく、**一部《いちぶ》の人《ひと》たちだけに都合《つごう》のよい議員《ぎいん》が当選《とうせん》してしまいます。**彼《かれ》らは自分《じぶん》たちだけが有利《ゆうり》な法律《ほうりつ》をつくり、それに基《もと》づいて政治《せいじ》を行《おこな》う可能性《かのうせい》があります。お金持《かねも》ちではない人《ひと》や、特権《とっけん》のない人《ひと》の声《こえ》は政治《せいじ》には届《とど》かない、そんな世界《せかい》になってしまうかもしれません。

憲法《けんぽう》がないと…

一部《いちぶ》の人《ひと》たちだけで選挙《せんきょ》が行《おこな》われる。

選挙《せんきょ》に参加《さんか》できる人《ひと》だけに都合《つごう》のよい決定《けってい》が下《くだ》され、選挙《せんきょ》の資格《しかく》がない人《ひと》にとって不利益《ふりえき》になる可能性《かのうせい》が高《たか》くなることが問題《もんだい》です。

憲法《けんぽう》があれば…

すべての人《ひと》に平等《びょうどう》に、選挙権《せんきょけん》が認《みと》められる。

【第《だい》44条《じょう》　議員及《ぎいんおよ》び選挙人《せんきょにん》の資格《しかく》】

さまざまな立場《たちば》の人《ひと》が選挙《せんきょ》に参加《さんか》することで、よりよい政《せい》治《じ》が行《おこな》われることが期待《きたい》できます。

選挙《せんきょ》の資格《しかく》はすべての国民《こくみん》にある

日本国憲法《にほんこくけんぽう》では、14ページのような事態《じたい》にならないように、「第《だい》44条《じょう》　議員及《ぎいんおよ》び選挙人《せんきょにん》の資格《しかく》」において、「議《ぎ》員及《いんおよ》び選挙人《せんきょにん》の資格《しかく》は人種《じんしゅ》や性別《せいべつ》、出自《しゅつじ》や学歴《がくれき》、収入《しゅうにゅう》などで差別《さべつ》してはならない。」と定《さだ》めています。

首長《しゅちょう》（知事《ちじ》や市長《しちょう》など）や議員《ぎいん》になったり、選挙《せんきょ》で選《えら》んだりする資格《しかく》は、高校《こうこう》を卒業《そつぎょう》していない人《ひと》にも、大学《だいがく》に進学《しんがく》した人《ひと》にも、たくさんお金《かね》をかせいでいる人《ひと》にも、かせいでいない人《ひと》にも、先祖《せんぞ》が歴史上《れきしじょう》の偉人《いじん》だった人《ひと》にも、そうでない人《ひと》にも平等《びょうどう》に与《あた》えられています。

だれもが選挙《せんきょ》に参加《さんか》できることで、いろいろな立場《たちば》の人《ひと》が国民《こくみん》の代表《だいひょう》になることができます。その結果《けっか》、**いろいろな立場《たちば》の人《ひと》の意見《いけん》を、国《くに》や地方《ちほう》での政治《せいじ》に反映《はんえい》させることができるようになります。**

お金《かね》がなくて、大学《だいがく》の進学《しんがく》をあきらめた人《ひと》が国民《こくみん》の代《だい》表《ひょう》になった場合《ばあい》、お金《かね》がなくても、実力《じつりょく》とやる気《き》がある人《ひと》は大学《だいがく》で学《まな》べるような政策《せいさく》を提案《ていあん》してくれるかもしれません。

だれもが平等《びょうどう》に一人一票《ひとりいっぴょう》、選挙権《せんきょけん》が与《あた》えられている、選挙《せんきょ》の原則《げんそく》を「平等選挙《びょうどうせんきょ》」といいます。さまざまな立場《たちば》の人《ひと》が、国民《こくみん》の代表《だいひょう》に選《えら》ばれると、いろいろな意見《いけん》や要《よう》望《ぼう》が出《だ》され、対立《たいりつ》も生《う》まれます。しかし、その中《なか》でしっかり議論《ぎろん》が行《おこな》われ、今《いま》まで以上《いじょう》にすばらしい政策《せいさく》が行《おこな》われることで、**より公平《こうへい》で、よりよい社会《しゃかい》をつくっていくことが可能《かのう》になります。**

(!) 関連《かんれん》する条文《じょうぶん》…第《だい》15条《じょう》3項《こう》　普通選挙《ふつうせんきょ》

普通選挙《ふつうせんきょ》とは、財産《ざいさん》や性別《せいべつ》などで選挙権《せんきょけん》や被選挙権《ひせんきょけん》（選挙《せんきょ》に立候補《りっこうほ》する権利《けんり》）を制限《せいげん》しない選挙《せんきょ》のことです。憲法第《けんぽうだい》15条《じょう》の3項《こう》は、普通選挙《ふつうせんきょ》を保障《ほしょう》しています。

まとめ

ひとこと条文《じょうぶん》：第《だい》44条《じょう》　議員及《ぎいんおよ》び選挙人《せんきょにん》の資格《しかく》

概要《がいよう》：議員《ぎいん》になる人《ひと》と議員《ぎいん》を選《えら》ぶ人《ひと》の資格《しかく》は性別《せいべつ》や人《じん》種《しゅ》などで差別《さべつ》されない。

つながり：さまざまな立場《たちば》の人《ひと》が選挙《せんきょ》に立候補《りっこうほ》し、投《とう》票《ひょう》できることで、よりよい政治《せいじ》が行《おこな》われる。

国《こっ》会《かい》議《ぎ》員《いん》に任《にん》期《き》がなかったら?

キーワード

- 国会議員《こっかいぎいん》の任期《にんき》
- 衆議院《しゅうぎいん》の解散《かいさん》

いつまでも同《おな》じリーダーだったら

もしあなたの仲《なか》よしの友《とも》だちの中《なか》で、ずっと同《おな》じ人《ひと》がリーダーとして、今日《きょう》は何《なに》をして遊《あそ》ぶか、どこへ行《い》くかなどを好《す》き勝手《かって》に決《き》めていたら、どんな気持《きも》ちになりますか? リーダーはサッカーが大好《だいす》きだから、今日《きょう》もみんなでサッカーをしようと言《い》います。ですが、みんなのほとんどは、毎日《まいにち》サッカーばかりであきたので、そろそろ野球《やきゅう》をしたいと思《おも》っています。「あのさ、たまには野《や》球《きゅう》しない?」と聞《き》いてみると、「え? おれ、野球《やきゅう》のことよくわからないしなあ。まあいいじゃん。サッカーしようよ。」…今日《きょう》もサッカーになってしまいました。

いつまでもみんなの希望《きぼう》が通《とお》らないなら、このリーダーに愛想《あいそ》をつかしてしまいそうです。「だれか新《あたら》しい人《ひと》がリーダーにならないかな?」「他《ほか》の友《とも》だちと遊《あそ》ぼうかな?」そんな人《ひと》が出《で》てきても不思議《ふしぎ》ではないです。

いつまでも国会議員《こっかいぎいん》でいられると…

国民《こくみん》の代表《だいひょう》である国会議員《こっかいぎいん》に、もし任期《にんき》がなかったらどのようなことが起《お》こるでしょうか。

国会議員《こっかいぎいん》は国民《こくみん》による選挙《せんきょ》で選《えら》ばれ、法律《ほうりつ》の制定《せいてい》や予《よ》算《さん》の議決《ぎけつ》などの権力《けんりょく》をもっています。そのような立場《たちば》の人《ひと》が、一度当選したら辞めずにすむとなると、国民の意見を気にする必要はなくなります。国民《こくみん》の代表《だいひょう》として働《はたら》くという気持《きも》ちがうすれ、国会《こっかい》に出席《しゅっせき》しない議員《ぎいん》が現《あらわ》れる可能性《かのうせい》があります。また、国民《こくみん》の意見《いけん》とは全《まった》く異《こと》なる政治《せいじ》を進《すす》めるために、法律《ほうりつ》を変《か》えようとする人《ひと》が出《で》てくるかもしれません。国会議員《こっかいぎいん》の立場《たちば》を悪用《あくよう》して、自分《じぶん》にとって都合《つごう》のよい人物《じんぶつ》と仲《なか》よくし、そのような人《ひと》たちが喜《よろこ》ぶ政治《せいじ》を進《すす》めることも考《かんが》えられます。仮《かり》に、議員《ぎいん》としての務《つと》めを果《は》たしたとしても、いつまでも同《おな》じメンバーだけで議論《ぎろん》していると、新しい課題への問題意識や政策が生まれず、慣習的な政治が行われる危険性もあります。

憲法《けんぽう》がないと…

ずっと国民《こくみん》の代表《だいひょう》で居続《いつづ》ける人《ひと》が現《あらわ》れる。

同《おな》じ人《ひと》がずっと政治《せいじ》の権力《けんりょく》を握《にぎ》り続《つづ》けると、慣習的《かんしゅうてき》な政治《せいじ》が行《おこな》われるなど、さまざまな悪《わる》いことが起《お》こります。そして、そんな人《ひと》たちを辞《や》めさせることができません。

議員《ぎいん》にふさわしくない人《ひと》を辞《や》めさせることができる。

【第《だい》45・46条《じょう》　衆議院議員《しゅうぎいんぎいん》と参議院議員《さんぎいんぎいん》の任期《にんき》】

衆議院議員《しゅうぎいんぎいん》と参議院議員《さんぎいんぎいん》にはそれぞれ任期《にんき》があり、再選《さいせん》されないと議員《ぎいん》で居続《いつづ》けることはできません。ふさわしくない国会議員《こっかいぎいん》は選挙《せんきょ》で辞《や》めさせることができます。

任期《にんき》があるから緊張感《きんちょうかん》もある

日本国憲法《にほんこくけんぽう》では、18ページのような事態《じたい》にならないように、「第《だい》45条《じょう》　衆議院議員《しゅうぎいんぎいん》の任期《にんき》」「第《だい》46条《じょう》　参議院議員《さんぎいんぎいん》の任期《にんき》」において、**衆議院議員《しゅうぎいんぎいん》の任期《にんき》は4年《ねん》で、任期《にんき》の途中《とちゅう》で解散《かいさん》があること**、**参議院議員《さんぎいんぎいん》の任期《にんき》は6年《ねん》で、3年《ねん》ごとに議員《ぎいん》の半数《はんすう》を改選《かいせん》する**ことが定《さだ》められています。

国会議員《こっかいぎいん》の立候補者《りっこうほしゃ》は選挙《せんきょ》の際《さい》に、自分《じぶん》が国会議員《こっかいぎいん》として何《なに》に力《ちから》を入《い》れたいのかを街頭演説《がいとうえんぜつ》などで国民《こくみん》にうったえて、支持《しじ》してもらえるように努《つと》めます。

多《おお》くの国民《こくみん》の共感《きょうかん》を得《え》た立候補者《りっこうほしゃ》や政党《せいとう》の中《なか》から議員《ぎいん》が選《えら》ばれますが、国会議員《こっかいぎいん》は、一度当選《いちどとうせん》したらおしまいではありません。議員《ぎいん》に当選《とうせん》したあとも、国民《こくみん》の意見《いけん》に耳《みみ》を傾《かたむ》けて、どのような政治《せいじ》が求《もと》められているのかを学《まな》び続《つづ》け、国《くに》の政治《せいじ》について、よい提案《ていあん》をする必要《ひつよう》があります。

任期《にんき》が限《かぎ》られていることで、国会議員自身《こっかいぎいんじしん》が緊張感《きんちょうかん》をもって仕事《しごと》をすることにつながります。

国民《こくみん》は、国会議員《こっかいぎいん》の任期《にんき》が定《さだ》められていることで、**同《おな》じ人《ひと》がずっと国会議員《こっかいぎいん》として居座《いすわ》り続《つづ》ける状態《じょうたい》を止《と》めることができます。**

「この人《ひと》はまじめに政治《せいじ》に取《と》り組《く》んでいない。」「この人《ひと》の考《かんが》え方《かた》は時代《じだい》に合《あ》っていない。」と思《おも》う議員《ぎいん》がいれば、次《つぎ》の選挙《せんきょ》ではその議員《ぎいん》に投票《とうひょう》せず、落選《らくせん》させることができます。

その代《か》わりに、今《いま》までとは違《ちが》う問題意識《もんだいいしき》やアイデアをもった新《あたら》しい立候補者《りっこうほしゃ》が国会議員《こっかいぎいん》に当選《とうせん》して、よりよい方向《ほうこう》に政治《せいじ》を動《うご》かすことが期待《きたい》できます。

まとめ

ひとこと条文《じょうぶん》：第《だい》45条《じょう》・第《だい》46条《じょう》　衆議院議員《しゅうぎいんぎいん》と参議院議員《さんぎいんぎいん》の任期《にんき》

概要《がいよう》：衆議院《しゅうぎいん》と参議院《さんぎいん》の議員《ぎいん》にはそれぞれ任期《にんき》があり、国民《こくみん》は投票《とうひょう》でふさわしいと思《おも》う人物《じんぶつ》を選《えら》ぶ。

つながり：国会議員《こっかいぎいん》に任期《にんき》があることで、国民《こくみん》が任期《にんき》や解散《かいさん》ごとに、ふさわしいと思《おも》う人物《じんぶつ》を選《えら》びなおすことができる。

第《だい》67条《じょう》

内《ない》閣《かく》総《そう》理《り》大《だい》臣《じん》を選《えら》ぶ方《ほう》法《ほう》が決《き》まっていなかったら?

キーワード

・議院内閣制《ぎいんないかくせい》

どのように代表《だいひょう》が選《えら》ばれるか

あなたの住《す》んでいる市《し》（区《く》）や町《まち》、村《むら》の代表《だいひょう》である市《し》長《ちょう》（区長《くちょう》）、町長《ちょうちょう》、村長《そんちょう》はどのようにして決《き》まっているのでしょうか。住《す》んでいる人《ひと》が自分《じぶん》たちの代表《だいひょう》としてふさわしいと思《おも》う人物《じんぶつ》に選挙《せんきょ》で投票《とうひょう》し、より多《おお》くの票《ひょう》を得《え》た人物《じんぶつ》が代表《だいひょう》になります。例《たと》えば、村長《そんちょう》が、「村長《そんちょう》を務《つと》めると、村《むら》の大事《だいじ》なことを決《き》めることができるし、村《むら》の人《ひと》から尊敬《そんけい》してもらえる。この仕事《しごと》はぜひ、息子《むすこ》にあとをついでほしい。」と思《おも》っても、実際《じっさい》には村長《そんちょう》の思《おも》いだけで自分《じぶん》の息子《むすこ》を次《つぎ》の村長《そんちょう》に就任《しゅうにん》させることはできません。村《むら》の多《おお》くの人《ひと》が、「村長《そんちょう》の息子《むすこ》さんは、お父《とう》さんと一緒《いっしょ》に政治《せいじ》を勉強《べんきょう》して、とてもいい人《ひと》だからぜひ村長《そんちょう》になってほしい。」と考《かんが》え、選挙《せんきょ》で選《えら》ばれる必要《ひつよう》があります。

では、国《くに》の代表《だいひょう》である内閣総理大臣《ないかくそうりだいじん》（首相《しゅしょう》）を選《えら》ぶルールが決《き》まっていなかったらどうなるでしょうか。

もし代表《だいひょう》を決《き》めるルールがないと…

今《いま》の日本では、国《くに》の行政機関《ぎょうせいきかん》の長《ちょう》である内閣総理大臣《ないかくそうりだいじん》は国会議員《こっかいぎいん》の中《なか》から国会《こっかい》で指名《しめい》されて決《き》まります。ところが、そのルールがないと、天皇《てんのう》や一部《いちぶ》の有力者《ゆうりょくしゃ》などによって、国民《こくみん》の意思《いし》とは全《まった》く関係《かんけい》のない人物《じんぶつ》が内閣総理《ないかくそうり》大臣《だいじん》に選《えら》ばれてしまう可能性《かのうせい》があります。

例《たと》えばお父《とう》さんは内閣総理大臣《ないかくそうりだいじん》だったけど自分《じぶん》は選挙《せんきょ》に当選《とうせん》したわけでもない政治家《せいじか》の息子《むすこ》、大企業《だいきぎょう》の社長《しゃちょう》だけど政治《せいじ》のことはよくわかっていない人《ひと》など、国民《こくみん》の意《い》思《し》で選《えら》ばれたとはいえない人《ひと》たちなどです。

国会議員《こっかいぎいん》は国民《こくみん》による選挙《せんきょ》で選《えら》ばれた人《ひと》で構成《こうせい》されているので、国民《こくみん》の意見《いけん》・願《ねが》いを代弁《だいべん》する立場《たちば》にあります。しかし、そうではない人物《じんぶつ》が内閣総理大臣《ないかくそうりだいじん》になってしまったら、政治《せいじ》や外交《がいこう》、経済《けいざい》などで、国民《こくみん》の意見《いけん》に全《まった》く耳《みみ》を傾《かたむ》けない、好《す》き放題《ほうだい》の政治《せいじ》が行《おこな》われるかもしれません。

憲法《けんぽう》がないと…

国《くに》を代表《だいひょう》して政治《せいじ》を行《おこな》う人《じん》物《ぶつ》が好《す》き勝手《かって》に選《えら》ばれる。

一部《いちぶ》の有力者《ゆうりょくしゃ》などの意見《いけん》が通《とお》ってしまい、彼《かれ》らに都合《つごう》のよい人物《じんぶつ》が政治《せいじ》の権力《けんりょく》を握《にぎ》ってしまうことになります。

憲法《けんぽう》があれば…

国民《こくみん》に選《えら》ばれた人《ひと》の中《なか》から国《くに》の代表《だいひょう》が決《き》まる。

【第《だい》67条《じょう》　内閣総理大臣《ないかくそうりだいじん》の指名《しめい》】

国民《こくみん》の代表《だいひょう》である国会議員《こっかいぎいん》の中《なか》から内閣総理大臣《ないかくそうりだいじん》が選《えら》ばれます。選挙《せんきょ》で国会議員《こっかいぎいん》に当選《とうせん》していない人《ひと》は内閣総理大臣《ないかくそうりだいじん》にはなれません。

内閣総理大臣《ないかくそうりだいじん》は国会議員《こっかいぎいん》の中《なか》から

日本国憲法第《こくけんぽうだい》67条《じょう》では「内閣総理大臣《ないかくそうりだいじん》は、国会議員《こっかいぎいん》の中《なか》から国会《こっかい》の議決《ぎけつ》で、これを指名《しめい》する。」と定《さだ》められています。

行政《ぎょうせい》をになう内閣《ないかく》の最高責任者《さいこうせきにんしゃ》である内閣総理大臣《ないかくそうりだいじん》は、日本の政治《せいじ》を動《うご》かす強《つよ》い権力《けんりょく》をもつことから、国民《こくみん》の代表《だいひょう》である国会議員《こっかいぎいん》の中《なか》から選《えら》ばれます。国会議員《こっかいぎいん》は、内閣総理大臣《ないかくそうりだいじん》にふさわしいと思《おも》う議員《ぎいん》の名前《なまえ》を書《か》いて投票《とうひょう》し、過半数《かはんすう》の票《ひょう》を得《え》た議員《ぎいん》が新《あたら》しい内閣総理大臣《ないかくそうりだいじん》に指名《しめい》されます。（通常《つうじょう》、自分《じぶん》が所属《しょぞく》している政党《せいとう》の党首《とうしゅ》に投票《とうひょう》します。）

また、もしも衆議院《しゅうぎいん》と参議院《さんぎいん》で異《こと》なる人物《じんぶつ》が指名《しめい》されたときは、だれが内閣総理大臣《ないかくそうりだいじん》になるべきか、決《き》められなくなりそうです。そうならないため、両方《りょうほう》の議院《ぎいん》から10人《にん》ずつ議員《ぎいん》が選《えら》ばれて話《はな》し合《あ》う両院協議会《りょういんきょうぎかい》が開《ひら》かれます。それでも意見《いけん》が一致《いっち》しないときなどは、衆議院《しゅうぎいん》の議決《ぎけつ》が優先《ゆうせん》されます。（第《だい》67条《じょう》2項《こう》の衆議院《しゅうぎいん》の優越《ゆうえつ》の規定《きてい》に基《もと》づきます。）

内閣《ないかく》は、国民《こくみん》の意見《いけん》を代表《だいひょう》する国会《こっかい》から生《う》まれているため、国会《こっかい》の信頼《しんらい》の下《もと》に政治《せいじ》を行《おこな》う形《かたち》になっています。そのため、内閣《ないかく》は国会《こっかい》に対《たい》して、連帯《れんたい》して責任《せきにん》を負《お》うとされており、このしくみを議院内閣制《ぎいんないかくせい》といいます。

❗ 関連《かんれん》する条文《じょうぶん》…第《だい》68条《じょう》　国務大臣《こくむだいじん》の任命《にんめい》及《およ》び罷免《ひめん》

第《だい》68条《じょう》では、内閣総理大臣《ないかくそうりだいじん》が、内閣《ないかく》を構成《こうせい》する外務大臣《がいむだいじん》や財務大臣《ざいむだいじん》などの国務大臣《こくむだいじん》を任命《にんめい》することと、辞《や》めさせることができることが示《しめ》されています。国務大臣《こくむだいじん》のうち、過半数《かはんすう》は国会議員《こっかいぎいん》から選《えら》ぶことになっており、これも議院内閣制《ぎいんないかくせい》の特徴《とくちょう》の一《ひと》つです。

まとめ

ひとこと条文《じょうぶん》：第《だい》67条《じょう》　内閣総理大臣《ないかくそうりだいじん》の指名《しめい》

概要《がいよう》：内閣総理大臣《ないかくそうりだいじん》は国会議員《こっかいぎいん》の中《なか》から、国会《こっかい》の議決《ぎけつ》で選《えら》ばれる。

つながり：国会議員《こっかいぎいん》の中《なか》から内閣総理大臣《ないかくそうりだいじん》が選《えら》ばれるので、しっかりした国会議員《こっかいぎいん》を選挙《せんきょ》で選《えら》ぶことが大切《たいせつ》になる。

第《だい》76条《じょう》

裁判所《さいばんしょ》や裁判官《さいばんかん》の独立《どくりつ》が守《まも》られていなかったら?

キーワード

・司法権《しほうけん》の独立《どくりつ》

正《ただ》しいと思《おも》うことが言《い》えなくなる?

あなたのお兄《にい》さんが家《いえ》に置《お》いてあるお菓子《かし》を食《た》べてしまいました。これは、明日《あした》お母《かあ》さんが友《とも》だちにプレゼントするために買《か》ったものです。「いいか、おれが食《た》べたこと言《い》ったら許《ゆる》さないぞ。」お兄《にい》さんはこう言《い》ってあなたをおどしました。お母《かあ》さんは買《か》ったはずのお菓子《かし》がなくなって、困《こま》っています。「ここにあったお菓子《かし》、知《し》らない?」

本当《ほんとう》はお兄《にい》さんが食《た》べてしまったのですが、本当《ほんとう》のことをお母《かあ》さんに言《い》うと、お兄《にい》さんから何《なに》をされるかわかりません。「知《し》らないよ。僕《ぼく》が帰《かえ》ったときにはもうなかったよ。」あなたはお兄《にい》さんが怖《こわ》くて、本当《ほんとう》のことを言《い》えませんでした。

このように、だれかから圧力《あつりょく》をかけられたり、おどされたりすると、自分《じぶん》が正《ただ》しいと思《おも》っていることを言ったり、行ったりすることができなくなると思《おも》いませんか?

真実《しんじつ》がゆがめられてしまう

日本《にほん》では、争《あらそ》いがあると憲法《けんぽう》や法律《ほうりつ》に基《もと》づいて裁判《さいばん》で解決《かいけつ》することがあります。裁判官《さいばんかん》が、自分《じぶん》より地位《ちい》が上の裁判官《さいばんかん》や、政治団体《せいじだんたい》などから、「判決《はんけつ》はこうすべきだ。」と言われた場合どうなってしまうでしょうか。

ある事件《じけん》の被告人《ひこくにん》にアリバイはなく、犯人《はんにん》である証拠《しょうこ》も十分《じゅうぶん》にあったとします。裁判官《さいばんかん》はこの事件《じけん》の犯人《はんにん》は有罪《ゆうざい》だと考《かんが》えています。ですが、こんな電話《でんわ》がかかってきました。「この事件《じけん》は大物政治家《おおものせいじか》と関係《かんけい》が深《ふか》いんだよ。あまり裁判《さいばん》を長引《ながび》かせたり、被害者《ひがいしゃ》や犯人《はんにん》の身《み》のまわりをこれ以上調《いじょうしら》べたりするのはよくないと思《おも》うよ。この事件《じけん》はあの被告人《ひこくにん》が無罪《むざい》ということで、片《かた》づけたらどうかね。」裁判官《さいばんかん》は悩《なや》んだ末《すえ》、「無罪《むざい》」の判決《はんけつ》を出《だ》してしまうかもしれません。

こんなことが通用《つうよう》すると、真実《しんじつ》がゆがめられる社会《しゃかい》になってしまいます。

憲法《けんぽう》がないと…

さまざまな圧力《あつりょく》や意見《いけん》によって、正《ただ》しいと思《おも》う判決《はんけつ》ができない。

政治家《せいじか》や有力者《ゆうりょくしゃ》から圧力《あつりょく》をかけられたなどの理由《りゆう》で、裁判《さいばん》官《かん》が、自分《じぶん》が正《ただ》しいと思《おも》う判決《はんけつ》が下《くだ》せなくなる可能性《かのうせい》があります。

憲法《けんぽう》があれば…

憲《けん》法《ほう》と法《ほう》律《りつ》だけに従《したが》い、判《はん》決《けつ》を下《くだ》すことができる。

【第《だい》76条《じょう》　裁《さい》判《ばん》官《かん》の独《どく》立《りつ》】

裁判官《さいばんかん》はすべての権力《けんりょく》から独立《どくりつ》し、自分自身《じぶんじしん》の良心《りょうしん》に従《したが》って判決《はんけつ》を下《くだ》すことができるようになります。

裁判官《さいばんかん》が正《ただ》しいと思《おも》う判決《はんけつ》が下《くだ》せる

日本国憲法《こくけんぽう》では、こういった事態《じたい》にならないように、「第《だい》76条《じょう》　司法権《しほうけん》・裁判所《さいばんしょ》、特別裁判所《とくべつさいばんしょ》の禁止《きんし》、裁判官《さいばんかん》の独立《どくりつ》」において、「すべて裁判官《さいばんかん》は、良心《りょうしん》に従《したが》ってあらゆる権力《けんりょく》などから独立《どくりつ》して裁判《さいばん》を行《おこな》う。憲法《けんぽう》と法律《ほうりつ》だけに拘束《こうそく》される。」と定《さだ》められています。

裁判官《さいばんかん》が裁判《さいばん》を行《おこな》う際《さい》にしばられるのは憲法《けんぽう》と法律《ほうりつ》だけで、先輩《せんぱい》の裁判官《さいばんかん》からのアドバイスや、政治団体《せいじだんたい》の意《い》見《けん》、事件《じけん》と関係《かんけい》する組織《そしき》などからの圧力《あつりょく》、このようなものに影響《えいきょう》されることはありません。

裁判所《さいばんしょ》は対立《たいりつ》する両者《りょうしゃ》の主張《しゅちょう》を公平《こうへい》に聞《き》き取《と》って、証《しょう》拠《こ》を出《だ》すよう求《もと》めたり、証人《しょうにん》を呼《よ》んだりするなどして、**憲法《けんぽう》と法律《ほうりつ》に基《もと》づき、「良心《りょうしん》（＝正《ただ》しい裁判《さいばん》をするための心《こころ》がけ）」をもって、裁判《さいばん》を行《おこな》うことができます。**

事件《じけん》のことをあまり知《し》らない他《ほか》の裁判官《さいばんかん》がアドバイスしたり、判決《はんけつ》に影響《えいきょう》を与《あた》えるようなことを言《い》ってきても、担当《たんとう》の裁判官《さいばんかん》はこれに従《したが》う必要《ひつよう》はありません。

また、利害《りがい》が関係《かんけい》するなどの理由《りゆう》で、裁判《さいばん》を有罪《ゆうざい》（もしくは無罪《むざい》）として処理《しょり》したい団体《だんたい》が、裁判官《さいばんかん》をおどしたり、裁判官《さいばんかん》にお金《かね》をわたしたりして、都合《つごう》のよい判決《はんけつ》に導《みちび》いたりすることがあってはいけません。

裁判官《さいばんかん》がこういった圧力《あつりょく》をはねのけて、自分《じぶん》が正《ただ》しいと思《おも》うような判決《はんけつ》をしたために、あとから不当《ふとう》な扱《あつか》いを受《う》けるといったことも許《ゆる》されません。

まとめ

ひとこと条文《じょうぶん》：第《だい》76条《じょう》　司法権《しほうけん》・裁判所《さいばんしょ》、特別裁判所《とくべつさいばんしょ》の禁止《きんし》、裁判官《さいばんかん》の独立《どくりつ》

概要《がいよう》：司法権《しほうけん》は裁判所《さいばんしょ》に属《ぞく》する。また、裁判所《さいばんしょ》と裁判《さいばん》官《かん》は、他《ほか》の権力《けんりょく》から独立《どくりつ》しており、憲法《けんぽう》と法律《ほうりつ》のみに拘束《こうそく》される。

つながり：裁判官《さいばんかん》は他《ほか》の権力《けんりょく》から独立《どくりつ》して判決《はんけつ》を下《くだ》すので、公正《こうせい》な判決《はんけつ》になることが期待《きたい》できる。

第《だい》78条《じょう》

裁《さい》判《ばん》官《かん》の身《み》分《ぶん》が保《ほ》障《しょう》されていなかったら？

キーワード

・裁判官《さいばんかん》の身分《みぶん》保障《ほしょう》

正《ただ》しい判断《はんだん》がしたい…でも…

あなたが何《なに》かの決断《けつだん》をしなくてはならないときに、「もし、Aだと決《き》めたら、仕事《しごと》を辞《や》めてもらう。絶対《ぜったい》にBにしろ。」と言《い》われてしまうと、どう感《かん》じるでしょうか。Aが正《ただ》しいと思《おも》っても、仕事《しごと》を失《うしな》ってしまうなら、Bを選《えら》んでしまうかもしれません。自分《じぶん》の立場《たちば》が危《あや》うくなるとき、AとBのどちらが適切《てきせつ》なのか、正《ただ》しい判断《はんだん》ができなくなってしまうと思《おも》いませんか？

国民《こくみん》からの信頼《しんらい》に基《もと》づいて仕事《しごと》を行《おこな》う立場《たちば》であり、憲《けん》法《ぽう》や法律《ほうりつ》の知識《ちしき》、さまざまなものの見方《みかた》を判断《はんだん》の材料《ざいりょう》としなくてはならない裁判官《さいばんかん》においては、下《くだ》した判決《はんけつ》によって辞《や》めさせられたり、給料《きゅうりょう》を減《へ》らされたりするなど、立場《たちば》が危《あや》うくなるようなことがあってはなりません。裁判官《さいばんかん》の身分《みぶん》が保障《ほしょう》されていることが、公正《こうせい》な判決《はんけつ》につながります。

判決《はんけつ》が公正《こうせい》ではなくなり、裁判《さいばん》への信頼《しんらい》がゆらぐ

裁判官《さいばんかん》の身分《みぶん》が保障《ほしょう》されていないと、どのようなことが起《お》こるでしょうか。ある裁判官《さいばんかん》が上司《じょうし》から、「もし、この事件《じけん》で被告人《ひこくにん》に有罪判決《ゆうざいはんけつ》を出《だ》したら、あなたを辞《や》めさせる。」と言《い》われたとしましょう。裁判官《さいばんかん》にも生活《せいかつ》があります。仕事《しごと》を辞《や》めさせられて、給料《きゅうりょう》がもらえなくなると、家族《かぞく》を養《やしな》っていくことができません。「いやいや、この裁判《さいばん》はまちがいなく有罪判決《ゆうざいはんけつ》を出《だ》すべきだろう。」心《こころ》の底《そこ》ではそう思《おも》っていても、自分《じぶん》の生活《せいかつ》を守《まも》るために、公正《こうせい》ではない判決《はんけつ》を出《だ》してしまうかもしれません。

こんなことが次々《つぎつぎ》に起《お》こると、公正《こうせい》な裁判《さいばん》ができなくなってしまいます。また、だれもが納得《なっとく》できる判決《はんけつ》を出《だ》さなくなってしまうと、裁判所《さいばんしょ》や司法制度《しほうせいど》への信頼《しんらい》が大きくゆらいでしまいます。

憲法《けんぽう》がないと…

一部《いちぶ》の人《ひと》の意《い》に反《はん》する判決《はんけつ》を下《くだ》すと、辞《や》めさせられるおそれがある。

正《ただ》しいと思《おも》う判決《はんけつ》をすることで裁判官自身《さいばんかんじしん》の身分《みぶん》が危《あや》うくなってしまう場合《ばあい》、公正《こうせい》な判断《はんだん》ができなくなることが問題《もんだい》となります。

憲法《けんぽう》があれば…

裁判官《さいばんかん》が辞《や》めさせられる心配《しんぱい》なく、判決《はんけつ》が下《くだ》せる。

【第《だい》78条《じょう》　裁判官《さいばんかん》の身分《みぶん》の保障《ほしょう》】

裁判官《さいばんかん》の身分《みぶん》は保障《ほしょう》されており、特定《とくてい》の手続《てつづ》き以外《いがい》で辞《や》めさせることはできません。

裁判官《さいばんかん》は身分《みぶん》が保障《ほしょう》されている

日本国憲法《にほんこくけんぽう》では「第《だい》78条《じょう》　裁判官《さいばんかん》の身分《みぶん》の保障《ほしょう》」で、「裁判官《さいばんかん》は、裁判《さいばん》により、心身《しんしん》の故障《こしょう》のために職務《しょくむ》を執《と》ることができないと決定《けってい》された場合《ばあい》を除《のぞ》いては、公《おおやけ》の弾劾《だんがい》によらなければ罷免《ひめん》されない。裁判官《さいばんかん》の懲戒処分《ちょうかいしょぶん》は、行政機関《ぎょうせいきかん》がこれを行《おこな》うことはできない。」と定《さだ》めています。

つまり、裁判官《さいばんかん》が病気《びょうき》などで仕事《しごと》ができない場合《ばあい》を除《のぞ》いて、裁判官《さいばんかん》を辞《や》めさせることはできません。裁判官《さいばんかん》に対《たい》して、「こんな判決《はんけつ》をしたら辞《や》めさせる！」とおどすことや、特定《とくてい》の判決《はんけつ》を出《だ》したからという理由《りゆう》で、実際《じっさい》に辞《や》めさせることはできません。

裁判官《さいばんかん》を辞《や》めさせることができる場合《ばあい》

ただし、もしも裁判官《さいばんかん》が犯罪《はんざい》や不正《ふせい》を行《おこな》っている、あの裁判官《さいばんかん》が下《くだ》す判決《はんけつ》は明《あき》らかにおかしい、などという場合《あい》は、「公《おおやけ》（国会《こっかい》）の弾劾《だんがい》」という形《かたち》で辞《や》めさせることがあります。

関連《かんれん》する条文《じょうぶん》…第《だい》64条《じょう》　弾劾裁判所《だんがいさいばんしょ》
第《だい》79条《じょう》　国民審査《こくみんしんさ》

「公《おおやけ》の弾劾《だんがい》」については第《だい》64条《じょう》で定《さだ》められており、国《こっ》会《かい》が開《ひら》く弾劾裁判所《だんがいさいばんしょ》で、裁判官《さいばんかん》としてふさわしくないとされた場合《ばあい》、辞《や》めさせることが可能《かのう》です。弾劾裁判所《だんがいさいばんしょ》は、衆参両議院《しゅうさんりょうぎいん》の7名《めい》ずつの国会議員《こっかいぎいん》で組織《そしき》されます。

また、最高裁判所《さいこうさいばんしょ》の裁判官《さいばんかん》は第《だい》79条《じょう》で定《さだ》められているように、衆議院議員選挙《しゅうぎいんぎいんせんきょ》の際《さい》に行《おこな》われる国民審査《こくみんしんさ》で、不《ふ》信任《しんにん》が過半数《かはんすう》になると辞《や》めさせることができます。満《まん》18歳以上《さいいじょう》の国民《こくみん》が投票《とうひょう》します。

まとめ

ひとこと条文《じょうぶん》：第《だい》78条《じょう》　裁判官《さいばんかん》の身分《みぶん》の保障《ほしょう》

概要《がいよう》：裁判官《さいばんかん》は身分《みぶん》が保障《ほしょう》されており、辞《や》めさせるには特定《とくてい》の手続《てつづ》きが必要《ひつよう》である。

つながり：裁判官《さいばんかん》の身分《みぶん》が保障《ほしょう》されていることで、公《こう》正《せい》な判決《はんけつ》が下《くだ》される。

コラム

裁《さい》判《ばん》員《いん》は必《ひつ》要《よう》・不《ふ》要《よう》どっち？

裁判《さいばん》は、法《ほう》の専門家《せんもんか》だけで行《おこな》うべきじゃないの？

民意《みんい》も取《と》り入《い》れるべきなので、裁判員《さいばんいん》は必要《ひつよう》。

裁判員制度《さいばんいんせいど》は２００９年《ねん》からはじまった制度《せいど》で、次《つぎ》の表《ひょう》は、制度《せいど》を簡単《かんたん》にまとめたものだよ。

構成《こうせい》	裁判官《さいばんかん》３人《にん》、裁判員《さいばんいん》６人《にん》
対象《たいしょう》となる事件《じけん》	地方裁判所《ちほうさいばんしょ》で行《おこな》われる刑事裁判《けいじさいばん》のうち、殺人《さつじん》や強盗致死《ごうとうちし》などの重大事件《じゅうだいじけん》
裁判員《さいばんいん》	満《まん》18才《さい》以上《いじょう》の国民《こくみん》からくじ引《び》きと面接《めんせつ》で選出《せんしゅつ》
裁判員《さいばんいん》の辞《じ》退《たい》	病気《びょうき》や介護《かいご》・育児《いくじ》・仕事《しごと》など一定《いってい》の理由《りゆう》で可能《かのう》
守秘義務《しゅひぎむ》	違反《いはん》すれば懲役《ちょうえき》・罰金刑《ばっきんけい》
裁判員《さいばんいん》の行《おこな》うこと	裁判官《さいばんかん》とともに刑事裁判《けいじさいばん》に参加《さんか》し、被告人《ひこくにん》が有罪《ゆうざい》か無罪《むざい》か、有罪《ゆうざい》の場合《ばあい》はどのような刑罰《けいばつ》にするかを決定《けってい》する

一般《いっぱん》の人《ひと》が裁判《さいばん》に参加《さんか》できるなんて、おもしろい制度《せいど》ですね。

では、二人《ふたり》は18才《さい》になったら裁判員《さいばんいん》になってみたいかな？

貴重《きちょう》な経験《けいけん》ができそうだから、やってみたいです。

刑事裁判《けいじさいばん》だから、私《わたし》はちょっとこわいです。専門家《せんもんか》にお任《まか》せしたいです…。

それでは、裁判員制度《さいばんいんせいど》の短所《たんしょ》、ここでは裁判員《さいばんいん》にかかる負担《ふたん》について見《み》てみようか。

はい。まず、裁判《さいばん》にかかる日数《にっすう》が長《なが》くなっています。裁判員制度《さいばんいんせいど》がはじまったころは平均《へいきん》3・7日《にち》だったのが、2022年《ねん》には平均《へいきん》17・5日《にち》になったそうです。

ありがとう。これだけ日数《にっすう》がかかると、負担《ふたん》に感《かん》じる人《ひと》もいそうだね。もちろん、一定《いってい》の理由《りゆう》があれば裁判員《さいばんいん》は辞退《じたい》できるのだけど。

他《ほか》にも、裁判員《さいばんいん》は精神的《せいしんてき》な負担《ふたん》も大《おお》きいのではないでしょうか。裁判員裁判《さいばんいんさいばん》で扱《あつか》うのは、殺人《さつじん》などの重大事件《じゅうだいじけん》です。裁判中《さいばんちゅう》に見《み》た写真《しゃしん》で精神的《せいしんてき》なショックを受《う》けるなどが考《かんが》えられます。

確《たし》かに、ショックを受《う》ける人《ひと》は多《おお》そう…。

他《ほか》にも、裁判《さいばん》で話《はな》し合《あ》ったことや知《し》ったことについて守秘義務《しゅひぎむ》を負《お》っていたりするね。違反《いはん》すると刑罰《けいばつ》を科《か》されるんだけど、この守秘義務《しゅひぎむ》は一生《いっしょう》続《つづ》くんだ。公表《こうひょう》してしまうと、裁判《さいばん》に関《かか》わった人《ひと》のプライバシーを害《がい》するおそれがあるからね。

やっぱり裁判員《さいばんいん》はかなり大変《たいへん》そうですね。

うん。でも裁判員制度《さいばんいんせいど》の長所《ちょうしょ》もあるよ。裁判員制度《さいばんいんせいど》は司法制度改革《しほうせいどかいかく》の一《ひと》つで、裁判《さいばん》を国民《こくみん》にとってより身近《みぢか》でわかりやすくすることを目指《めざ》しているんだ。それまでは専門用語《せんもんようご》ばかりでやりとりされていたけれど、裁判員《さいばんいん》にもわかるように、専門家《せんもんか》も図《ず》を用《もち》いて説明《せつめい》したり、やさしい言《い》い回《まわ》しに直《なお》したりするなど、変化《へんか》が見《み》られるそうだよ。

それに、実際《じっさい》に経験《けいけん》した人《ひと》の9割以上《わりいじょう》は「非常《ひじょう》にやってよかった」「やってよかった」と思《おも》っているというアンケート結果《けっか》があるそうですね。

そうだね。裁判《さいばん》への参加《さんか》は貴重《きちょう》な経験《けいけん》だと感《かん》じる人《ひと》が多《おお》いんだ。

なるほど。裁判《さいばん》への理解《りかい》が深《ふか》まったり、国民《こくみん》の日常的《にちじょうてき》な感覚《かんかく》を裁判《さいばん》に取《と》り入《い》れられたりするのは、大切《たいせつ》なことだと思《おも》えてきました。

うん。裁判員制度《さいばんいんせいど》の積《つ》み重《かさ》ねが司法《しほう》への信頼《しんらい》につながると国《くに》は考《かんが》えているんだ。裁判員《さいばんいん》の負担《ふたん》は十分《じゅうぶん》ケアしながら、裁判員制度《さいばんいんせいど》が広《ひろ》く国民《こくみん》の間《あいだ》に定着《ていちゃく》していくといいね。

第《だい》84条《じょう》

税《ぜい》金《きん》を課《か》すときに、法《ほう》律《りつ》に基《もと》づかなくてもよいなら？

キーワード

● 租税法律主義《そぜいほうりつしゅぎ》

思《おも》いつきで新《あたら》しい税金《ぜいきん》ができる？

テレビで内閣総理大臣《ないかくそうりだいじん》が言《い》っています。「本日《ほんじつ》、よいことを思《おも》いつきました。国《くに》のお金《かね》が不足《ふそく》しているので、明日《あした》からジュースに税金《ぜいきん》を課《か》すことに決《き》めました。」

次《つぎ》の日《ひ》、昨日《きのう》までは一本二百円《いっぽんにひゃくえん》だったジュースが、千《せん》円《えん》で売《う》られています。あなたのお小遣《こづか》いでは簡単《かんたん》に手《て》が出《だ》せなくなってしまいました。

お店《みせ》の人《ひと》は言《い》います。「高《たか》くなったから、だれもジュースを買《か》ってくれなくなった。それに、ジュースが売《う》れても、ほとんど税金《ぜいきん》で国《くに》に納《おさ》めないといけないから、うちにはもうけがないよ。」多《おお》くの人《ひと》はジュースの値段《ねだん》が高《たか》くて買《か》えません。ジュースをつくる人《ひと》やお店《みせ》は商品《しょうひん》が売《う》れなくて困《こま》っています。

内閣総理大臣《ないかくそうりだいじん》だからといって思《おも》いつきで勝手《かって》に税金《ぜいきん》を課《か》すことができるのでしょうか？

重《おも》くて不公平《ふこうへい》な税金《ぜいきん》が課《か》される…

このように、内閣総理大臣《ないかくそうりだいじん》や政府《せいふ》が、法律《ほうりつ》に基《もと》づかず、自由《じゆう》に税金《ぜいきん》を課《か》すことができてしまうと、大変《たいへん》なことが起《お》こります。「今年《ことし》は消費税《しょうひぜい》を上《あ》げたばかりだけど、来《らい》年《ねん》も国《くに》はお金《かね》が足《た》りないから、消費税《しょうひぜい》をさらに上《あ》げよう。」「お酒《さけ》などのアルコールに課《か》している酒税《しゅぜい》と同《おな》じように、ジュースにもジュース税《ぜい》を課《か》して税収《ぜいしゅう》を増《ふ》やそう。」と決《き》められてしまうかもしれません。

法律《ほうりつ》による制限《せいげん》がないと、国民《こくみん》の代表《だいひょう》である国会議員《こっかいぎいん》で議論《ぎろん》されないということになるため、多《おお》くの国民《こくみん》が、「生活《せいかつ》に欠《か》かせない商品《しょうひん》への税《ぜい》は低《ひく》くしてほしい。」「今《いま》は景気《けいき》が悪《わる》いから、増税《ぞうぜい》は景気《けいき》がよくなってからにしてほしい。」といった意見《いけん》をもっていたとしても、それらを無視《むし》して税金《ぜいきん》のきまりを変《か》えることができてしまいます。その結果《けっか》、国民《こくみん》の意思《いし》や願《ねが》いとは関係《かんけい》なく税金《ぜいきん》が集《あつ》められ、国民《こくみん》の生活《せいかつ》に大《おお》きな影響《えいきょう》が出《で》ることが起《お》こり得《え》ます。

憲法《けんぽう》がないと…

法律《ほうりつ》にない、不当《ふとう》な税金《ぜいきん》や不公平《ふこうへい》な税金《ぜいきん》が課《か》される。

法律《ほうりつ》に基《もと》づかない、思《おも》いつきの税金《ぜいきん》や、不公平《ふこうへい》な税金《ぜいきん》が課《か》される可能性《かのうせい》があります。

憲法《けんぽう》があれば…

税金《ぜいきん》を課《か》すときは法律《ほうりつ》に基《もと》づいて行《おこな》われる。

【第《だい》84条《じょう》　課税《かぜい》】

国民《こくみん》の代表《だいひょう》である国会議員《こっかいぎいん》によって慎重《しんちょう》に審議《しんぎ》したうえで、法律《ほうりつ》に基《もと》づいて税金《ぜいきん》が課《か》せられます。

税金《ぜいきん》は法律《ほうりつ》に基《もと》づいて課《か》せられる

日本国憲法《にほんこくけんぽう》「第《だい》84条《じょう》　課税《かぜい》」では、「あらたに税金《ぜいきん》（租税《そぜい》）を課《か》すとき、もしくは税制度《ぜいせいど》を変更《へんこう》するときは、法律《ほうりつ》または法律《ほうりつ》の定《さだ》める条件《じょうけん》に従《したが》う。」と定《さだ》められています。

政府《せいふ》が税金《ぜいきん》を課《か》したり、現在《げんざい》、国民《こくみん》に課《か》している税金《ぜいきん》の内容《ないよう》を変更《へんこう》したりする手続《てつづ》きは、**国会《こっかい》で定《さだ》められる法《ほう》律《りつ》に基《もと》づいて行《おこな》われなくてはなりません（＝租税法律主《そぜいほうりつしゅ》義《ぎ》）**。

例《たと》えば、消費税《しょうひぜい》は消費税法《しょうひぜいほう》に基《もと》づいて国民《こくみん》に課《か》されています。消費税《しょうひぜい》の内容《ないよう》を変更《へんこう》するには、国会《こっかい》で国民《こくみん》の代《だい》表《ひょう》である国会議員《こっかいぎいん》が、本当《ほんとう》に変更《へんこう》するのが適切《てきせつ》なのかを議論《ぎろん》し、その上《うえ》で新《あたら》しい案《あん》を議決《ぎけつ》する、という手続《てつづ》きが必要《ひつよう》です。

もし、増税《ぞうぜい》することで、国民《こくみん》の生活《せいかつ》や国《くに》の経済《けいざい》に深刻《しんこく》な影響《えいきょう》が出《で》ると考《かんが》えられる場合《ばあい》、国会議員《こっかいぎいん》は増税案《ぞうぜいあん》を否《ひ》決《けつ》して見送《みおく》ることができます。

仮《かり》に、新《あら》たな税金《ぜいきん》に関《かん》する法律案《ほうりつあん》が可決《かけつ》され、法律《ほうりつ》が成立《せいりつ》して新《あたら》しい税金《ぜいきん》が課《か》されることが決《き》まったとしても、**国会《こっかい》で議論《ぎろん》された上《うえ》なので、不当《ふとう》な重税《じゅうぜい》や不公平《ふこうへい》な税金《ぜいきん》になりにくいと考《かんが》えられます**。

国民《こくみん》は「今年《ことし》消費税《しょうひぜい》が上《あ》がったばかりだから、来年《らいねん》もさらに上《あ》げるのはやめてほしい。」などの意見《いけん》を国会議《こっかいぎ》員《いん》に届《とど》けることによって、可決《かけつ》するか否決《ひけつ》するかの判断《はんだん》に影響《えいきょう》を与《あた》えることができます。

また、新《あたら》しく税金《ぜいきん》を課《か》す際《さい》にも、国会《こっかい》が関係《かんけい》する法律《ほうりつ》を整《ととの》えることによって、できるだけ多《おお》くの人《ひと》が納得《なっとく》できるような、負担《ふたん》が公平《こうへい》になるような税金《ぜいきん》のしくみをつくることが可能《かのう》になります。

まとめ

ひとこと条文《じょうぶん》：第《だい》84条《じょう》　課税《かぜい》

概要《がいよう》：法律《ほうりつ》に基《もと》づいていない税金《ぜいきん》は、課《か》すことができない。

つながり：私《わたし》たちが支払《しはら》う税金《ぜいきん》は、国会《こっかい》が定《さだ》める法律《ほうりつ》に基《もと》づいて課《か》せられている。

第《だい》93条《じょう》

地方公共団体《ちほうこうきょうだんたい》の長《ちょう》や議員《ぎいん》の選《えら》び方《かた》が、決《き》まっていなかったら？

キーワード

- 地方自治《ちほうじち》
- 地方公共団体《ちほうこうきょうだんたい》の長《ちょう》や議員《ぎいん》の直接《ちょくせつ》選挙《せんきょ》

あなたの住《す》んでいる地域《ちいき》の課題《かだい》は？

あなたは自分《じぶん》の住《す》んでいる地域《ちいき》（市《し》など）について、他《ほか》の地域《ちいき》に住《す》んでいる人《ひと》よりはよく知《し》っていますよね？「ここには大《おお》きな公園《こうえん》がある。」「この道《みち》は子《こ》どもには危《あぶ》ない。」「ここに橋《はし》があれば便利《べんり》なのに…。」「学校《がっこう》の給食《きゅうしょく》は美味《おい》しい。」「学校《がっこう》の校庭《こうてい》が少《すこ》しせまい。」

その市《し》に住《す》んでいると、地域《ちいき》のよいところや悪《わる》いところ、課題《かだい》などを身近《みぢか》に感《かん》じやすくなります。

あなたの住《す》んでいる市《し》の市長《しちょう》や、市議会《しぎかい》の議員《ぎいん》は、実《じつ》はその市《し》に住《す》んでいる人《ひと》たちが立候補《りっこうほ》して、その中《なか》から選挙《せんきょ》で当選《とうせん》した人《ひと》が就任《しゅうにん》しています。（地方議員《ちほうぎいん》や市《し》〔区《く》〕町村長《ちょうそんちょう》は25歳以上《さいいじょう》から、都道府県知事《とどうふけんちじ》は30歳以上《さいいじょう》から立候補《りっこうほ》することができます。）その地域《ちいき》に住《す》み、その地域《ちいき》のよさや課題《かだい》を知《し》っている人《ひと》がその地域《ちいき》の実情《じつじょう》に合《あ》わせて政治《せいじ》に取《と》り組《く》んでいるのです。

地域《ちいき》のこと、わかっている？

もし、地方公共団体《ちほうこうきょうだんたい》（都道府県《とどうふけん》や市《し》〔区《く》〕町村《ちょうそん》など）の政治《せいじ》の中心《ちゅうしん》となる、長《ちょう》（＝都道府県《とどうふけん》の知事《ちじ》や市《し》〔区《く》〕町村長《ちょうそんちょう》）や、地方議会《ちほうぎかい》の議員《ぎいん》の選《えら》び方《かた》が決《き》まっていなかったら、どのようなことが起《お》こるでしょうか。

内閣総理大臣《ないかくそうりだいじん》や国《くに》（中央政府《ちゅうおうせいふ》）の権力者《けんりょくしゃ》が、地域住民《ちいきじゅうみん》の意思とは全く関係なく好き勝手に選んだ人を、地方公共団体の長や議員として送ってくるかもしれません。こういった人《ひと》たちは自《みずか》ら立候補《りっこうほ》したわけでも、住民《じゅうみん》の投票《とうひょう》によって選《えら》ばれたわけでもありません。どれくらいその地域《ちいき》のことがわかっているのか、本当《ほんとう》に地域《ちいき》の政治《せいじ》に一《いっ》生懸命《しょうけんめい》に取《と》り組《く》むのか、住民《じゅうみん》にはわかりません。「新《あたら》しい知事《ちじ》は、台風《たいふう》の対策《たいさく》ばかりしている。この地域《ちいき》には台《たい》風《ふう》はめったに来《こ》ないのに。」といった、住民《じゅうみん》の願《ねが》いとかけはなれた、的外《まとはず》れな政治《せいじ》が行《おこな》われるかもしれません。

憲法《けんぽう》がないと…

地域《ちいき》の実情《じつじょう》を知《し》らない人《ひと》が、政治《せいじ》を行《おこな》うかもしれない。

地域《ちいき》の実情《じつじょう》にそぐわないような政治《せいじ》が行《おこな》われたり、中央政《ちゅうおうせい》府《ふ》にとって都合《つごう》のよいような政治《せいじ》が行《おこな》われたりする可能性《かのうせい》があります。

憲法《けんぽう》があれば…

地域《ちいき》に住《す》む人《ひと》の中《なか》から、その地《ち》域《いき》の住民《じゅうみん》が代表《だいひょう》を選《えら》ぶ。

【 第《だい》93条《じょう》　地方公共団体《ちほうこうきょうだんたい》の機関《きかん》、その直接選挙《ちょくせつせんきょ》 】

住民《じゅうみん》による直接選挙《ちょくせつせんきょ》で長《ちょう》と議員《ぎいん》が選《えら》ばれるため、住民《じゅうみん》の意思《いし》を反映《はんえい》して政治《せいじ》が行《おこな》われます。

地域《ちいき》ごとの課題《かだい》や特色《とくしょく》に対応《たいおう》したルールがつくれる

日本国憲法《にほんこくけんぽう》では、40ページのような事態《じたい》にならないように、「第《だい》93条《じょう》　地方公共団体《ちほうこうきょうだんたい》の機関《きかん》、その直接選挙《ちょくせつせんきょ》」の2項《こう》において、「地方公共団体《ちほうこうきょうだんたい》の長《ちょう》と議会《ぎかい》の議員《ぎいん》などは、住民《じゅうみん》が直接選挙《ちょくせつせんきょ》を行《おこな》う。」と定《さだ》められています。

地方公共団体《ちほうこうきょうだんたい》の政治《せいじ》をになう**知事《ちじ》や市《し》（区《く》）町村長《ちょうそんちょう》、地方議員《ちほうぎいん》はその地域《ちいき》に住《す》んでいる住民《じゅうみん》が選挙《せんきょ》で選《えら》びます。**住民《じゅうみん》は、地域《ちいき》のためにがんばりたいと立候補《りっこうほ》した候補者《こうほしゃ》の中《なか》から、知事《ちじ》や市長《しちょう》や議員《ぎいん》を選《えら》ぶことができます。そうすることで、少《すこ》しでも地域《ちいき》の実情《じつじょう》や、住民《じゅうみん》の希望《きぼう》に沿《そ》った政治《せいじ》が行《おこな》われることが期待《きたい》されています。

また、住民《じゅうみん》は「この地方《ちほう》の知事《ちじ》や市長《しちょう》はふさわしくない。」と考《かんが》える場合《ばあい》は、**一定数《いっていすう》の署名《しょめい》を集《あつ》めて、解職《かいしょく》を請求《せいきゅう》することができます（直接請求権《ちょくせつせいきゅうけん》）**。

地方公共団体《ちほうこうきょうだんたい》の長《ちょう》や議員《ぎいん》を選《えら》ぶなど、住民《じゅうみん》が自分《じぶん》の住《す》む地域《ちいき》の政治《せいじ》（地方自治《ちほうじち》）に参加《さんか》することが、国《くに》や世界《せかい》の民主主義《みんしゅしゅぎ》を学《まな》ぶことにつながるため、**「地方自治《ちほうじち》は民主主義《みんしゅしゅぎ》の学校《がっこう》」**と呼《よ》ばれています。

❗ 関連《かんれん》する条文《じょうぶん》…第《だい》67条《じょう》　内閣総理大臣《ないかくそうりだいじん》の指名《しめい》

第《だい》67条《じょう》では、内閣総理大臣《ないかくそうりだいじん》は国会議員《こっかいぎいん》の中《なか》から指名《しめい》されることが示《しめ》されています（↓22ページ）。国民《こくみん》は国会《こっかい》議員《ぎいん》を選《えら》ぶことができますが、内閣総理大臣《ないかくそうりだいじん》は国会《こっかい》で指《し》名《めい》されるため、国民《こくみん》が直接選《ちょくせつえら》ぶことはできません。このように、議会《ぎかい》が政府《せいふ》のトップを選《えら》ぶ制度《せいど》を議院内閣制《ぎいんないかくせい》といいます。

一方《いっぽう》で、地方公共団体《ちほうこうきょうだんたい》の長《ちょう》は住民《じゅうみん》の直接選挙《ちょくせつせんきょ》で選《えら》ばれます。国民《こくみん》が政府《せいふ》のトップを直接選挙《ちょくせつせんきょ》で選《えら》ぶのを大統領《だいとうりょう》制《せい》といい、日本の地方自治体《ちほうじちたい》は、この大統領制《だいとうりょうせい》に相当《そうとう》するタイプです。

以上《いじょう》のように、国《くに》と地方《ちほう》の代表《だいひょう》の選《えら》ばれ方《かた》には大《おお》きな違《ちが》いがあります。

まとめ

ひとこと条文《じょうぶん》：第《だい》93条《じょう》　地方公共団体《ちほうこうきょうだんたい》の機関《きかん》、その直《ちょく》接選挙《せつせんきょ》

概要《がいよう》：地方公共団体《ちほうこうきょうだんたい》の政治《せいじ》をになう知事《ちじ》や市《し》（区《く》）町《ちょう》村長《そんちょう》、地方議会《ちほうぎかい》の議員《ぎいん》などは、住民《じゅうみん》の直接選挙《ちょくせつせんきょ》で選《えら》ばれる。

つながり：住民《じゅうみん》が直接《ちょくせつ》、投票《とうひょう》して知事《ちじ》などを選《えら》ぶことができるので、地域《ちいき》の実情《じつじょう》に合《あ》った政治《せいじ》が期待《きたい》できる。

第《だい》94条《じょう》 地域《ちいき》で独自《どくじ》のルールを決《き》められなかったら？

よそはよそ、うちはうち！

あるとき、お家《うち》の人《ひと》から、「となりに住《す》んでいるAさんは、毎日《まいにち》家事《かじ》を手伝《てつだ》って、食器《しょっき》洗《あら》いをしているそうよ。あなたにも今日《きょう》からやってもらおうかしら。」と言《い》われてしまいました。

あなたは、塾《じゅく》や習《なら》い事《ごと》で毎日《まいにち》大忙《おおいそが》し。学校《がっこう》の宿題《しゅくだい》もしないといけないし、やることがたくさん。夕食《ゆうしょく》の時間《じかん》もおそいので、それから食器《しょっき》洗《あら》いをしたら、寝《ね》る時間《じかん》がおそくなりそうです。Aさんは習《なら》い事《ごと》なども少《すく》なく、夕食《ゆうしょく》の時間《じかん》も比較的《ひかくてき》早《はや》いようです。

あなたとAさんは全然違う環境なのに、同じルールを決められたらどうでしょうか。うちのルールがAさんの家《いえ》と全《まった》く同《おな》じなのはおかしい、自分《じぶん》たち家族《かぞく》に合《あ》ったルールにしてほしいと思《おも》いませんか？

この地域《ちいき》に合《あ》ったルールがつくれない！

これが、日本の市《し》（区《く》）町村《ちょうそん》の場合《ばあい》だったら、どうでしょうか。**市（区）町村にもさまざまな実情があります。**新《あたら》しくどんどん開発《かいはつ》したい地域《ちいき》もあれば、古《ふる》い街並《まちな》みを残《のこ》したい地域《ちいき》もあります。特《とく》に、古《ふる》い街並《まちな》みを大切《たいせつ》にしている地域《ちいき》では、何百年《なんびゃくねん》もの歴史《れきし》があるお寺《てら》や神社《じんじゃ》などの横《よこ》に、巨大《きょだい》なショッピングモールや電波《でんぱ》タワーができてしまうと困《こま》る、と考《かんが》える人《ひと》もいるでしょう。「あの街《まち》の静《しず》かな雰囲気《ふんいき》が好《す》きだったのに、変《か》わってしまって、魅力《みりょく》がなくなったからもう旅行《りょこう》には行《い》かない。」という人《ひと》も出《で》てくるかもしれません。

地方公共団体が独自のルールを決められず、どの市（区）町村も国の法律だけでなんとかしようとすると、実情に合わない状態になってしまいます。

キーワード

- 条例《じょうれい》

憲法《けんぽう》がないと…

地域《ちいき》の実情《じつじょう》に合《あ》わせたルールが決《き》められなくなる。

古《ふる》い街並《まちな》みが残《のこ》る地域《ちいき》でも、自由《じゆう》に大型《おおがた》のビルなどがつくられるなど、地域《ちいき》の実情《じつじょう》に合《あ》わないことが行《おこな》われる可能性《かのうせい》があります。

憲法《けんぽう》があれば…

その地域《ちいき》だけの、独自《どくじ》のルールを決《き》めることができる。

【第《だい》94条《じょう》　地方公共団体《ちほうこうきょうだんたい》の権能《けんのう》】

法律《ほうりつ》の範囲内《はんいない》で条例《じょうれい》を定《さだ》めることができるため、その地域《ちいき》の課題《かだい》や実情《じつじょう》に即《そく》したルールを追加《ついか》することができ、その地域《ちいき》の魅力《みりょく》などにつながります。

地域《ちいき》ごとの課題《かだい》や特色《とくしょく》に対応《たいおう》したルールがつくれる

日本国憲法《にほんこくけんぽう》では、44ページのような事態《じたい》にならないように、「第《だい》94条《じょう》　地方公共団体《ちほうこうきょうだんたい》の権能《けんのう》」において、「地方《ちほう》公共団体《こうきょうだんたい》は法律《ほうりつ》の範囲内《はんいない》で条例《じょうれい》を制定《せいてい》することができる。」と定《さだ》められています。市《し》（区《く》）町村《ちょうそん》が定《さだ》める独自《どくじ》のルールのことを条例《じょうれい》といいます。

つまり、日本国憲法《にほんこくけんぽう》では、市《し》（区《く》）町村《ちょうそん》が、法律《ほうりつ》に違反《いはん》しない範囲《はんい》でなら、独自《どくじ》のルールを定《さだ》めてもよいと認《みと》めているのです。

条例《じょうれい》が住《す》みやすい地域《ちいき》づくりにつながる

日本には、海《うみ》に面《めん》した町《まち》、山《やま》の中《なか》にある町《まち》、人口《じんこう》が多《おお》い町《まち》、人口《じんこう》が少《すく》ない町《まち》、観光《かんこう》がさかんな町《まち》、農業《のうぎょう》がさかんな町《まち》など、さまざまな特色《とくしょく》の市《し》（区《く》）町村《ちょうそん》があります。海《うみ》に面《めん》した町《まち》と山《やま》の中《なか》にある町《まち》では、環境《かんきょう》などが異《こと》なり、当然《とうぜん》、生活《せいかつ》する上《うえ》で大変《たいへん》なことも変《か》わってきます。

国《くに》が定《さだ》めた法律《ほうりつ》だけでは不十分《ふじゅうぶん》な場合《ばあい》、市《し》（区《く》）町村《ちょうそん》の議会《ぎかい》で議決《ぎけつ》することによって、その市《し》（区《く》）町村《ちょうそん》だけで効力《こうりょく》のあるルール、すなわち条例《じょうれい》を定《さだ》めることができます。条例《じょうれい》には、「古《ふる》い街並《まちな》みが残《のこ》る地域《ちいき》では景観《けいかん》を守《まも》る。」といったものから、「百歳《ひゃくさい》をむかえた人《ひと》に金《きん》メダルを送《おく》る。」「高級住宅地《こうきゅうじゅうたくち》では、狭《せま》い敷地《しきち》の建物《たてもの》を認《みと》めない。」など、ユニークなものもあります。

地域《ちいき》ごとの課題《かだい》や実情《じつじょう》に合《あ》ったルールを定《さだ》めることで、市《し》（区《く》）町村《ちょうそん》の強《つよ》みにみがきをかけることや、住民《じゅうみん》にとってより快適《かいてき》に暮《く》らせる市《し》（区《く》）町村《ちょうそん》にすることが期待《きたい》できます。

まとめ

ひとこと条文《じょうぶん》：第《だい》94条《じょう》　地方公共団体《ちほうこうきょうだんたい》の権能《けんのう》
概要《がいよう》：地方公共団体《ちほうこうきょうだんたい》の独自《どくじ》のルールを条例《じょうれい》といい、法《ほう》律《りつ》の範囲内《はんいない》で定《さだ》めることができる。
つながり：地域《ちいき》の実情《じつじょう》に即《そく》したルールを定《さだ》めることで、住民《じゅうみん》にとって住《す》みよい市《し》（区《く》）町村《ちょうそん》になる。

NDC323
ないとどうなる？　日本国憲法

第1巻
みんなで決める政治のために　～国民主権～

Gakken　2024　48P　28.5cm
ISBN 978-4-05-501426-7　C8032

監修《かんしゅう》

木《き》村《むら》 草《そう》太《た》

1980年《ねん》生《う》まれ。憲法学者《けんぽうがくしゃ》。

東京大学法学部《とうきょうだいがくほうがくぶ》を卒業《そつぎょう》した後《あと》、現在《げんざい》は東京都立大学《とうきょうとりつだいがく》で教授《きょうじゅ》をしている。研究《けんきゅう》テーマは平等原則《びょうどうげんそく》、差別《さべつ》されない権利《けんり》、思想《しそう》・良心《りょうしん》の自由《じゆう》、地方自治《ちほうじち》、子《こ》どもの権利《けんり》など。

テレビやラジオなどのメディアにも多《おお》く出演《しゅつえん》し、子《こ》どもから大人《おとな》まで、幅広《はばひろ》い世代《せだい》に法教育《ほうきょういく》を行《おこな》っている。

趣味《しゅみ》は将棋《しょうぎ》。

執筆協力
有限会社 マイプラン
株式会社 シー・キューブ

デザイン
大岡喜直、相京厚史（next door design）

イラスト
アボット奥谷

編集協力
高木直子
中屋雄太郎
野口光伸
佐藤由惟

企画
樋口亨

2024年2月27日　第1刷発行

発行人　土屋徹
編集人　代田雪絵
編集担当　樋口亨、小野優美

発行所　株式会社Gakken
〒141-8416
東京都品川区西五反田2-11-8
DTP　株式会社 四国写研
印刷所　宏和樹脂工業 株式会社（表紙）
大日本印刷 株式会社（本文）

この本に関する各種お問い合わせ先
- 本の内容については、下記サイトのお問い合わせフォームよりお願いします。
https://www.corp-gakken.co.jp/contact/
- 在庫については
Tel 03-6431-1197（販売部）
- 不良品（落丁、乱丁）については
Tel 0570-000577
学研業務センター
〒354-0045 埼玉県入間郡三芳町上富279-1
- 上記以外のお問い合わせは
Tel 0570-056-710（学研グループ総合案内）

©Gakken

本書の無断転載、複製、複写（コピー）、翻訳を禁じます。
本書を代行業者等の第三者に依頼してスキャンやデジタル化することは、たとえ個人や家庭内の利用であっても、著作権法上、認められておりません。複写（コピー）をご希望の場合は、下記までご連絡ください。
日本複製権センター　https://jrrc.or.jp/
E-mail：jrrc_info@jrrc.or.jp
Ⓡ〈日本複製権センター委託出版物〉
学研グループの書籍・雑誌についての新刊情報・詳細情報は、下記をご覧ください。
学研出版サイト　https://hon.gakken.jp/

ないとどうなる？日本国憲法

【各《かく》巻《かん》紹《しょう》介《かい》】

第1巻 みんなで決《き》める政《せい》治《じ》のために

～国《こく》民《みん》主《しゅ》権《けん》～

第2巻 自《じ》分《ぶん》らしく生《い》きるために

～基《き》本《ほん》的《てき》人《じん》権《けん》の尊《そん》重《ちょう》～

第3巻 争《あらそ》いのない日《ひ》々《び》のために

～平《へい》和《わ》主《しゅ》義《ぎ》～